e
新
No
経済

介護大全

お金　仕組み　施設

週刊東洋経済　eビジネス新書　No.331

介護大全

本書は、東洋経済新報社刊『週刊東洋経済』2019年10月26日号より抜粋、加筆修正のうえ制作しています。情報は底本編集当時のものです。（標準読了時間　90分）

介護大全　目次

経験者が赤裸々に語る

私のリアル介護体験記

親の介護は突然訪れる。実際にどんな事態と直面するのか。経験者の実体験を紹介する。

介護の形は家族の数だけあり、ひとくくりにはできない。しかし、どんな顛末であれ、経験者から学べることは多い。6人の介護体験を紹介する。

二重生活を5年続ける

荻野浩さん(仮名：50代・男性)のケース

月曜日から木曜日までは、実家のある山梨県で母の介護、金曜日から日曜日までは東京で仕事。テニスコーチとして働く荻野浩さんは母の介護中、こんな二重生活を5年間続けた。母は結局、77歳で亡くなった。

「苦労をかけた母なので、『ここで親孝行できなかったらいつするんだ』という気持ちでした」

テニスプレーヤーだった荻野さんは10代から20代前半にかけ海外を拠点に生活。その間、母は懸命に働いて仕送りを続けた。帰国後も一緒に暮らす機会はないままだった。

介護が始まったのは、母の心臓の手術がきっかけ。手術後、腎臓の機能が低下し、人工透析を受ける必要に迫られた。母の病態では透析を受けられる病院がなく、余命半年という宣告を受けた。

荻野さんは諦められず、受け入れてくれる病院を探した。20施設ほど電話をかけても断られたが、ついに実家近くで人工透析を受けられる病院が見つかった。すぐに入院する選択肢もあったが、寝たきりにはさせたくなかったため、通院で透析を受けることを選択。在宅の看護サービスを利用しながら、週の半分は荻野さんが山梨県の実家に通い、母の介護を続けた。認知症が進み、亡くなる3年前に入院。入院後も、身の回りの世話をできる限り自分でやった。

仕事を半分減らしたため、収入は半減。子どもが生まれたばかりだったため、貯金を取り崩して借金も背負った。しかし、妻の理解があり、実家には家族全員で通った。テニスコーチは自営業だったため、仕事の調整ができたのも幸いした。金銭面は厳しかったが、後悔はないと言う。

「亡くなった日は病院に泊まり込んでいて、母のそばにいることができた。離れて暮らしていた期間が長かった分、一緒に過ごす日々は楽しく、いつまでも続けたいと感じました」と振り返る。

情報収集がカギになる

清水千裕さん（仮名：50代・女性）のケース

「自分から情報を集めないと、ベストな介護サービスを受けることは難しいと実感しました」

東京都に住む清水千裕さんは父（87）の介護に携わり、介護制度やサービスをきちんと調べておく重要さを痛感したという。同居していた父は数年前からパーキンソン症候群を患った。歩行がおぼつかなくなり、1年前に自宅の階段から転落。救急車で運ばれ、そのまま入院した。

清水さんにとって初めての親の介護が始まったが、何をすべきかがわからず情報集めに苦労した。調べていくうちに、介護保険サービスを受けるための認定申請などの基本的な手続きのほか、自治体特有のサービスがあると知った。

例えば清水さんの住んでいる区では福祉用具を1～3割の負担額でレンタルできる。歩行が困難な父のために、この制度を使ってつえを借りた。また入院時には紙おむつの支給が役に立った。金額は大きくないが、かさみがちな消耗品の負担が減るのはありがたい。

一方で、きちんと調べていないと損をすることもわかった。治療を終えた父は病院から療養病床を経て、現在は介護付き有料老人ホームに移っている。施設ではティッシュやおむつなどの日用品に加え、たんを吸引する機械なども購入するよう言われた。施設側で用意してもらい、後から料金を支払うこともできるが、施設に任せきりにすると高くつくこともあった。

「たん吸引用カテーテルなどは、同じ商品でもインターネットで購入するほうが安く済みました」

こうしたサービスは、ケアマネジャーなどから教えてもらわなければ、知らずに逃してしまう場合もある。病院や施設の提案も、鵜呑みにするのではなくきちんと検討することが重要と実感した。

父の健康状態にも、自ら気を配っている。施設内の栄養士に父の栄養状態や食事の与え方を聞いたり、介護士にストレッチの方法を教えてもらったりもした。「とくに認知症などで本人が何も言えない場合、本人が施設にいても家族で向き合い、気持ちを代弁することも大切だと思います」。

介護にまつわる情報は点在しており、必要なものを選び取るのは骨が折れる。清水さんも通勤中、スマートフォンで自治体のホームページを閲覧したり、介護体験記を読んだりと必死だった。それでもケアマネや同じ悩みを抱える同世代の友人、病院で出会ったほかの患者の家族からも積極的に話を聞いたことで、「次に母を介護するときは、今より随分楽になるはずです」と感じている。

治療めぐり姉妹で対立

石井幸恵さん（仮名：60代・女性）のケース

認知症の母に薬を飲ませるかどうか……。3人姉妹の次女である石井幸恵さんは、母（92）の治療方針をめぐって姉妹と意見が対立した。妥協点を見つけることはできず、今では積極的に介護に関わるのは石井さん1人となっている。

母が認知症と診断されたのは10年以上前。それまで母は自営業でバリバリ働いていたが、お金の使い方が極端に荒くなったり、食事をしたことを忘れてしまったりしたため、石井さんは異変に気づいた。初期の段階から認知症治療薬を飲み始めたため、症状は緩やかに進行した。

当初、自宅で石井さんと父が介護をした。進行が遅いとはいえ、仕事と両立しながら母の世話をするのは簡単なことではない。母は夜中に目を覚まし、動き回るため、自分は十分に眠れず精神的にも肉体的にも追い詰められた時期もあった。それでも「大切な母の介護」と考えて向き合ってきた。

母が87歳のとき、外出中に転んで大腿骨（だいたいこつ）を骨折。自宅で面倒を見るのが難しくなり、介護施設に入所することになった。

治療薬はこれまでどおり継続していたが、あるとき、見舞いに訪れた妹が「薬は副作用などの害も多いから、やめてほしい」と石井さんに告げた。何年もの間副作用もなく飲み続けてきたが、妹の意見を聞き入れ、試しに薬をやめることに。ところが、それ以降母の症状が悪化したため、医師と相談して再び薬を服用し始めた。

調子を取り戻した母に安心していたところ、再び様子が変化する。また母がぼんやりした表情で、話もできない状態になってしまった。突然の変化に疑問を感じていると、妹が貼付タイプの認知症薬をこっそり剥がし続けていたことを告白した。家族の意見の食い違いで、結局母の治療方針は二転三転することとなる。

「そんなことを相談もなくするなんて本当に驚いた。妹に対する信頼が崩れました」と石井さんは振り返る。以来、妹が見舞いに来ることはなかった。

石井さん姉妹は小さいときから仲がよかった。しかし、ともに結婚し、生活環境が変化すると価値観は変わる。親の介護について、具体的な話し合いをしてこなかった。

「介護は家族みんなが同じ方向を向いていないと駄目です」と話す。

妻と母の確執が障害に

大友和典さん（仮名：50代・男性）のケース

「何もしてあげられなくて、母にも妹にも申し訳ない」

そう語るのは、会社員の大友和典さんだ。母（80）は5年前、脳梗塞で倒れて左半身マヒになった。在宅での介護を経て、現在はグループホームに入居。長男である大友さんは、「最期まで親孝行をしたい」と長年考えていたが、身の回りの世話は自分や妻ではなく、介護費用も含めて2歳下の妹が担っている。その原因は嫁しゅうとめ問題にある。

結婚当初から母と妻の関係が悪く、絶縁状態に陥った。実家から車で20分ほどの場所に暮らしているにもかかわらず、行き来は年に1、2回しかない状態だった。

「妻は母の介護にはノータッチ。それどころか、私が介護の手伝いに行くことさえ嫌がります。見舞いのときも、会社を早退し隠れるようにして行っています」

父は10年前に他界。母が倒れてからは、実家で一緒に暮らしていた妹が自宅で介護を始めた。夜間もトイレの介助のために何度も起こされるようになり、妹はしだいに疲弊していった。大友さんも泊まりがけで手伝いに行っていたが、そのたびに妻と口論になり、大友が行けるのは1カ月に1日が限界だった。

妻の理解がない事は、費用面でもネックになった。実家をバリアフリーに改築する際、大友さんの名義でローンを組んだ。しかし妻に「子どもの学費がかかるから」と反対され、返済は妹が行っている。施設の費用は父親の遺族年金で捻出できているが、日用品にかかる月3万円ほどの費用は妹が負担している。

「せめて自分ができることをしたい」。現在、施設に入居中の母へは毎日電話を欠かさない。月に1回、自宅に戻って外泊するときは、泊まりがけでおむつを換えたり食事の介助をしたりしている。

「妹は理解してくれているが、本来なら長男が負担すべきことをすべて妹に負わせて心苦しい。介護そのものをつらいと思ったことはないが、母と妹への罪悪感がストレスになっています」

今となっては妻と母の長年の確執は解決しないと諦めている。一時は離婚も頭をよぎったが、現実的ではないと考えた。罪悪感を抱えながらも介護を続けている。

介護を通じ過去を清算

松本由美さん（仮名：50代・女性）のケース

栃木県に暮らす松本由美さんは、義理の父母と実の両親の介護を15年にわたって経験してきた。そんな松本さんは、「介護を通して自分の過去を清算できた」と振り返る。

松本さんは東京都出身。出版社などの勤務を経て、歯科医である夫との結婚を機に歯科医院の経営をサポートしてきた。15年前、同じ敷地内で暮らす義父が、脳梗塞で半身不随になり、在宅介護の末に亡くなった。その後、義母は認知症が悪化し、最期は施設で迎えた。

4年前に義母が亡くなった頃、実家の父から助けを求められた。両親が暮らす都内の実家に帰ると、台所はコバエが湧いて冷蔵庫には腐った食べ物があふれていた。しっかり者の母だったが、認知症が進み、家事ができなくなっていたのだ。父も大腸がんを患い体が衰弱。それでも生活に支障が出るまで松本さんに頼れなかったのは、「面倒は長男に見てもらう」という父の意地があったからだ。

「父は私が子どもの頃から『娘はどうせ嫁に行くから要らない。財産はすべて長男に相続させる』と言っていました。そのため父とのけんかが絶えませんでした」

だが結局、都内近郊に暮らす長男夫婦から援助は得られず、両親の老老介護状態は限界を迎えていた。松本さんは栃木県と東京を往復し、両親の面倒を見るように。夕方6時半に仕事を終え、車で2時間かけて実家に行く。身の回りの世話をして、自宅に帰るのは深夜0時を過ぎるというハードな生活が続いた。

それでも松本さんは介護を仕事のように客観的に捉え、実家に行くときは必ず笑顔で明るく振る舞うようにしたという。

「子どもの頃、祖母の介護をめぐりけんかが絶えない両親を見て、自分は温かい家族にしたいと思っていました。介護するうちに、けんかばかりしていた父とも普通に会話できるようになり、父もよく笑うようになりました」

父は2年前に他界。母は現在、介護施設で暮らす。精神面や体力面できつい局面があっても、介護には楽しむ姿勢が不可欠。松本さんはそう実感している。

手術後に容態急悪化

菅原真治さん（仮名：60代・男性）のケース

菅原真治さんは3カ月ほど前に父を亡くした。父は1年前に胆管がんと診断されて入院。2週間後、自宅に戻ってきたときは別人のようになっていた。

がんが判明した82歳まで、父は米農家として元気に働いていた。

父は10年ほど前、心臓にペースメーカーを入れる手術を経験。その後、大腸ポリープを取り、前立腺がんの手術も受けたが、手術後すぐに田畑に出て働いた。「だから今回も同じように復帰できるだろうと考えていました」。

しかし、今回は違った。退院後、話しかけても言葉が途切れ途切れで会話が成り立たない。認知症の症状が出ていたのだ。

急に意思の疎通ができなくなって困ったのが、父の確定申告だ。「農業について父と話をしたことはなかった。関係書類を片っ端から集め、税務署の窓口に相談するなどして何とかした」。

退院から2カ月半ほどが過ぎた頃、トイレにも自分1人で行けなくなった。夜中に何度も起こされ、トイレに連れていく。我慢できず失禁してしまうこともあり、その始末で睡眠時間が削られた。

介護保険サービスの利用を考えたが、煩雑な認定申請の手続きが不可欠。認定され、サービス内容を決めて、ようやく受けられる。「これほど時間がかかるとは思わず、甘かった」と話す。

結局、要介護認定される前の2019年1月に入院。亡くなる7月までの間、菅原さんは毎週土日を父の病室で過ごした。ある日、父の足をマッサージしていると、「真治にこんなことをしてもらえる日が来るとは思わなかった」と父が突然つぶやいた。「父と息子という上下関係でなく、人と人として対等になれた気がした。意外なほどあっけなく死んでしまう。元気なときにもっと2人で旅行にでも行っていたらこんな関係になれたかな、と感じました」。

(中原美絵子、井艸恵美、辻　麻梨子)

突然の事態に戸惑わないための処方箋

親の介護の3ステップ

NPO法人 UPTREE代表理事・阿久津美栄子

介護はある日、突然訪れる。後悔しない介護のための基礎知識。

元気だと思っていた親が脳梗塞で倒れたり、転倒して歩行が困難になったり……。まだ先と考えていた親の介護はある日、突然始まるものだ。親の介護に突然直面して不安な気持ちが高まり、冷静さを失う人は多い。何をすればいいかわからず、混乱状態に陥る。その結果、しだいにネガティブな思考に傾いていくのだ。

なぜそうした状態に陥るのか。それは介護の全容を把握できるような情報が不足しているからだ。

親の介護に直面した際に必要なのは、先の状況の全容を把握し、何をすべきかを認識することだ。ここでは親の介護の前に知るべきことと介護が訪れた際にやるべきことを、①介護ロードマップの理解、②家族の役割分担の〝見える化〟、③できることに落とし込む、という3ステップに分けて紹介する。

まず訪れる「混乱期」

ステップ①は、親の介護の始まりから終わりまでの「介護ロードマップ」を理解することだ。多くのケースで介護は、混乱期↓負担期↓安定期↓看取り期、という4つのステージをたどる。

最初の「混乱期」とは親の異変に戸惑い、現実を受け入れられない時期だ。介護が始まるきっかけには、脳血管疾患や骨折などの外的要因と認知症のケースとがある。脳卒中などの脳血管疾患を発症すれば半身マヒや言語障害が残り、転倒して骨折すれば歩行困難に陥るケースがある。いずれも介護が必要だ。また認知症が進行すると物忘れが激しくなり、日常生活でトラブルが生じやすくなる。介護保険の要介護状態区分では要支援1・2、要介護1あたりが該当する（区分は目安）。

親がこのように要介護状態になっても、当初は多くの子はその事実と正面から向き合えない。自分の親だけは元に戻ると信じ込むのだ。子が親の変化に戸惑うのも無理はない。こうした混乱期の到来を事前に認識しておくことが、介護の先を見通す第一歩となる。

介護ロードマップで混乱期の次に訪れるのが「負担期」だ。親は介助なしに食事や排泄を行いにくくなり、自力での生活が難しくなる。認知症が進行するケースも多い。要介護1〜3あたりに該当する。介護する側とされる側の両方が、最も疲労困ぱいする時期だ。

親の記憶が衰え、できないことが増えていく。それに子がいら立ち、親子が感情的にぶつかるケースも多い。かつての関係性を失い、絶望感に襲われることもある。

この時期に必要なのは、介護者の子が気持ちを切り替えることだ。親ができなくなることを嘆くのではなく、視点を変え、少しでも今日できたことに目を向けるのだ。すると気持ちの負担が軽減する。

次のステージが「安定期」だ。認知症が進行して家族を認識しづらくなり、生活全般で介助が必要となる。要介護4～5の状態だ。在宅介護は難しく、介護施設への入所が現実的な選択肢となる。

親が施設に入所すれば、子は自分の時間を取り戻すことができる。介護の責任感からいくばくか解放され、客観的な視点を持つこともできる。すると親の衰えを割り切り、受容する気持ちが生まれる。

そして最後のステージが「看取り期」だ。親の体が徐々に衰弱し、場合によっては病態が急変する。看取りの場や延命治療をどうするか。できれば親の意向を踏まえ、家族で話し合っておきたい。

親の最期に向き合うのはつらいものだ。その事実を否定し、絶望感に襲われる人も多い。時間の経過とともに、徐々にその現実と向き合えるようになるのである。

こうした介護のロードマップはもちろん人それぞれだ。ただ多くの人に共通するロードマップを把握することは、親の介護にどう向き合うかを考える一助になる。

家族の協力がカギに

介護ロードマップを理解したら、ステップ②は「家族の役割分担の〝見える化〟」。これは特定の介護者への負担の偏りを避け、家族全員が「介護のプレーヤー」となって作業を分担することが狙いだ。

親の介護が始まると、親と同居し、フルタイムで働いていない人が「主介護者」となり、介護を一身に背負いがちとなる。そうなると疲労を蓄積し、孤立感を深め、家族間のトラブルに発展しやすい。

それを避けるには、介護をなるべく家族というチームで行うこと。そこで重要なのが役割分担の見える化である。あるケースでは、父は有料老人ホームに入居中。母は自宅で歩行が不安定となり、要介護の状態だ。長男の妻（弘子）が主介護者だが、実母の介護もあり、1人での介護には限界がある。

マップが効果的なのは、家族の状況を書き出すことで、意外と多くのプレーヤーがいると気づけるからだ。ここでは長男（太郎）と次男（次郎）が、週末には母の介護を担えるとわかる。遠方の長女には、休暇を利用して介護できるかを相談する余地がある。

介護の役割分担は時間軸によっても変わる。次表のように時系列で親の居場所や状態を記し、将来的に誰がどんな役割を担えるかを想定しておくことが有効だ。

できることに落とし込む

できることリスト

チェック	日常のできること	担当
✓	食事作り　朝	弘子
	食事作り　昼	
	食事作り　夜	弘子
	薬の管理	太郎
	掃除	弘子
	洗濯	
	買い物	太郎
	通院付き添い	浩二
	風呂介助	
	デイサービスの送り	浩二
	介護の資金計画	太郎

介護に関する作業をできるだけ書き出し、家族メンバーの担当を分ける。主介護者の負担は少ないほうがいい

役割を分担したら、ステップ③で食事作りや通院付き添いなど、より具体的なできることに落とし込む。なるべく多くの「できることリスト」を作成し、家族のメンバーで担当を分けるのだ。

リストは家族で負担できないことの可視化にもつながる。その際は民間や公的の介護サービスを活用すればいい。このようにマップやリストを活用して家族が協力すれば、親と過ごす時間は充実し、後悔しない介護につながるはずだ。

阿久津美栄子（あくつ・みえこ）
遠距離介護の経験から介護者の居場所が必要と実感。ＮＰＯ法人ＵＰＴＲＥＥを立ち上げ、「caregivers カフェ」運営。著書に『後悔しないための介護ハンドブック』など。

広がる介護離婚のリスク

知人の40代の女性にある日、実家の近所の人から「母親が倒れた」との電話がかかってきた。父はすでに亡くなり、母は単身暮らしだった。すぐに帰省する旨を夫に告げると、「子供の塾の送迎はどうするの。俺の食事は誰が作るの」と発言。「今までの結婚生活を後悔した」と彼女は振り返る。

介護に追われる中、夫だけでなく、しゅうとめからも「子供の世話をいつまで息子にさせるのか」と責められ孤立していった。結局、母を看取った後、「何が大切かに気づいた」と話した彼女は、離婚を選択。会社員で自立できる彼女に、夫は不要だった。

夫婦仲がよくなる例も

親の介護は本来、家族の共同作業だ。しかし夫婦のどちらかにその認識が足りず、義父母の介護に無関心であれば、夫婦関係に亀裂が入りがちだ。最終的に「介護離婚」に至る事例を最近よく耳にする。

介護離婚で多いのは、親の介護に向き合う妻が、介護に無関心な夫に愛想を尽かすケースだ。夫は介護未経験者で、大変さを認識できていない場合が多い。

逆のケースもある。ある50代の夫婦は、妻の母の介護が始まるまで、特に仲むつまじいとも言えなかった。しかし、妻の母の介護が始まると、夫は献身的にサポート。病院への送迎や食事の準備、死後の葬式、相続の手続きなどでも妻を支えた。夫は数年前、自身の両親の介護を終え、その苦労を理解していたのだ。結果、「夫婦の距離がぐっと縮まった」と彼女は話す。

長年連れ添った夫婦でも、親の介護を契機に夫婦関係が一変するケースはよくある。配偶者が親の介護に直面した場合、介護の負担の大きさに思いを馳せ、寄り添って支援する姿勢が何より大事だ。

複雑な制度を基本から解説

ゼロからわかる介護保険

市民福祉情報オフィス　ハスカップ主宰・小竹雅子

高齢の親が骨折した、あるいは脳血管疾患で入院したなどで、初めて介護保険を意識する人は多い。認知症の場合は、様子がおかしいと思いながらも、受け入れがたい気持ちもあり、暮らしに支障が出るまで先延ばしにしてしまうこともある。

いずれにしても、本人が元気なうちに、介護保険の申請先と一連の手続きを確認しておきたい。

介護保険を利用するには、まず本人の住民票がある市区町村に認定（要支援認定、要介護認定）の申し込み（申請）が必要だ。市区町村は、高齢者の総合相談窓口「地域包括支援センター」を運営している。ただし、愛称をつけているケースも多いため、該当する市区町村のホームページで「介護保険」を検索してもらいたい。なお、認定の費用は市区町村が負担するので、自己負担はない。

■ まずは市区町村窓口に —要支援・介護認定の申し込み—

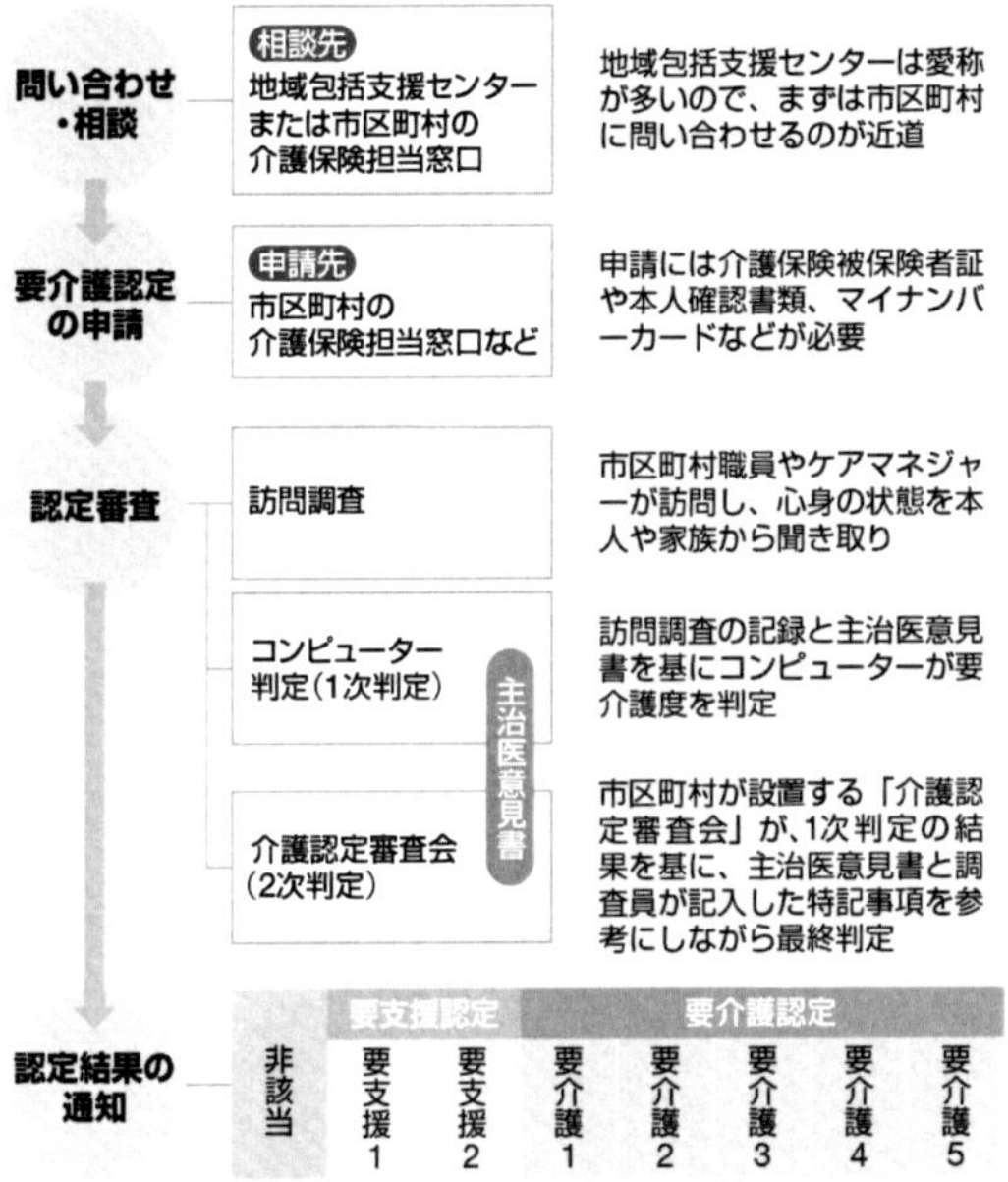
問い合わせ・相談
相談先
地域包括支援センターまたは市区町村の介護保険担当窓口
地域包括支援センターは愛称が多いので、まずは市区町村に問い合わせるのが近道
要介護認定の申請
申請先
市区町村の介護保険担当窓口など
申請には介護保険被保険者証や本人確認書類、マイナンバーカードなどが必要
認定審査
訪問調査
市区町村職員やケアマネジャーが訪問し、心身の状態を本人や家族から聞き取り
コンピューター判定（1次判定）
訪問調査の記録と主治医意見書を基にコンピューターが要介護度を判定
主治医意見書
介護認定審査会（2次判定）
市区町村が設置する「介護認定審査会」が、1次判定の結果を基に、主治医意見書と調査員が記入した特記事項を参考にしながら最終判定
認定結果の通知
要支援認定
要介護認定
非該当
要支援1
要支援2
要介護1
要介護2
要介護3
要介護4
要介護5

（出所）筆者資料を基に本誌作成

限定的な「総合事業」

認定のランクは、要支援認定（要支援1、2）と要介護認定（要介護1〜5）の7段階で、サービスが不要と判定された場合は非該当だ。

ただし、非該当の場合、あるいは最初の申請の段階で、「基本チェックリスト」という簡易な質問票を勧められるケースがある。2014年の法改正で、要支援認定者に対するホームヘルプ・サービスとデイサービスの2つだけが、市区町村が運営する通称「総合事業」に移されたからだ。

総合事業では、ホームヘルプ・サービスは訪問型サービス、デイサービスは通所型サービスと呼ぶ。事業を提供するのは、指定基準に基づく事業所ではなく、市区町村が委託した事業所だ。

この改正により、市区町村が基本チェックリストでいいと判断した場合などは、認定審査を経ることなく、総合事業の「該当者」を判断できるようになった。

とはいえ、要支援認定者への給付サービスには、訪問看護や福祉用具レンタル、通所リハビリテーションなどがある。総合事業に加えて、これらのサービスを希望する場合は、やはり認定が必要だ。初回の申請にはすべて認定審査で対応する市区町村もあるが、「基本チェックリスト」を先に勧める市区町村もあるので、注意してもらいたい。

認定の申請書には、「主治医」を記入する欄がある。認定の申請を受理した後、市区町村は主治医に「主治医意見書」を依頼する。

複数の病院を受診している、あるいは総合病院に通院するケースもあるが、本人の日常生活を知る医師でなければ、認定審査に必要な情報を記入してもらえないこともある。また、医師が多忙だと、書類がそろわず審査期間がずれ込むこともある。意見書を依頼する医師は慎重に検討し、本人や家族が日常の状態を詳しく説明をしておく事前準備も大切だ。

認定の申請後、1週間をメドに、訪問調査員が連絡してくる（入院中は、病院にも出向く）。訪問調査では、本人が緊張して適切な回答にならず、不本意な判定になることもあるので、家族や親しい者は立ち会うほうが賢明だ。

認定通知には有効期間（原則6カ月で、最長36カ月）の記載があり、更新のたびに訪問調査がある。すでに認知症グループホームや、特別養護老人ホームに代表される施設に入居していても同様だ。

訪問調査の後、コンピューター1次判定結果と訪問調査員の「特記事項」、主治医意見書を基に、市区町村の認定審査会が2次判定をする。申請から判定の通知が届くまで原則30日以内なので、1カ月はかかる。なお、申請日からサービスの利用は可能なので、詳細は市区町村などに確認しよう。

自己負担は原則1割

サービスの費用は、自己負担（利用料）と給付（介護保険料と税金）で賄われている。

自己負担は所得にかかわらず1割とされていたが、2014年の法改正で、「一定以上の所得」がある者は2割に、続く17年の法改正では「一定以上の所得」のうち「医療保険の現役並み所得」がある者は3割に引き上げられた。自己負担の割合は、認定の通知書に記入がある。

認定を受けたら、まずケアマネジメントを利用して、ケアプラン（サービス計画）を作る。ケアマネジメントの担当者と相談しながら、必要なサービスについて利用料も併せて検討する。

ケアマネジメントはサービスの1つで、要支援認定と総合事業の「該当者」については、地域包括支援センターのスタッフか、市区町村に委託された居宅介護支援事業所のケアマネジャーが担当する。要介護認定では必ずケアマネジャーが担当する。現在、ケアマネジメントに自己負担はない。

サービスを提供する指定事業所は、ケアマネジメントの担当者に相談するほか、厚生労働省ホームページの「介護事業所・生活関連情報検索」で調べられる。

■ 利用者多いのは福祉用具やデイサービス
―介護保険サービスメニューと利用者数―

介護保険サービスメニュー		介護予防サービス（要支援1～2）	介護サービス（要介護1～5）
在宅サービス	ホームヘルプ・サービス	―	101万人
	訪問入浴	―	6万人
	訪問看護	8万人	46万人
	訪問リハビリテーション	2万人	10万人
	居宅療養管理指導	6万人	75万人
	デイサービス	―	116万人
	デイケア	17万人	44万人
	ショートステイ	1万人	38万人
	特定施設入居者生活介護	3万人	21万人
	福祉用具購入・レンタル	52万人	175万人
地域密着型サービス	地域密着型デイサービス	―	42万人
	認知症グループホーム	1万人	21万人
	小規模多機能型	1万人	10万人
施設サービス	特別養護老人ホーム	―	55万人
	老人保健施設	―	36万人
	介護療養病床・介護医療院	―	5万人

（注）ほかに市区町村が運営する「総合事業サービス」利用者が95万人
（出所）筆者資料を基に本誌作成

サービスは、在宅、地域密着型、施設に区分され、認定ランクにより選択肢が異なる。在宅サービスは、ホームヘルプ・サービス、デイサービス、福祉用具レンタルが代表的だ。なお、介護付き有料老人ホームが提供する「特定施設入居者生活介護」は在宅サービスだ。

地域密着型サービスは市区町村ごとに事業所を指定するため、偏在している。また、利用できるのは指定した市区町村に住民票がある認定者という制約がある。

施設サービスは3種類で、医療法人が運営する老人保健施設と介護療養病床・介護医療院は、要介護認定者が対象だ。特別養護老人ホームは14年の法改正により、要介護3~5が原則になった。

介護保険は2000年度のスタートからこの20年で見直しを繰り返し、複雑になる一方だ。制度で理解できないことは、しつこいと思われても市区町村の担当課や関係者に問い合わせよう。そして、1人で抱え込むことなく、本人や家族、友人とも情報交換をしながら「介護のある暮らし」に伴走したい。

小竹雅子（おだけ・まさこ）

介護保険制度についてのメールマガジン「市民福祉情報」の無料配信、電話相談やセミナーなどを企画。著書に『総介護社会』『もっと変わる！ 介護保険』（いずれも岩波書店）など。

介護費用の見積もり方

行政書士　ファイナンシャル・プランナー　佐川京子

親の介護が必要になった場合、実際にいくらお金がかかるのか。それを把握するには、具体的ケースに沿った試算が有効だ。

親の介護に必要な公的介護保険サービスは、月に利用できるサービスの限度額が定まっている。その限度額は19年10月の消費税増税に伴い、5万0320（要支援1）～36万2170円（要介護5）（地域加算なし、1単位10円の場合）へと引き上げられた。所得に応じて、うち1～3割を自己負担する。

利用者の意向で、これに「上乗せ・横出しサービス」を加えることもできる。上乗せサービスとは、訪問介護の時間を延長したり、回数を増やしたりすること。全額が自己負担だ。横出しサービスとは、配食や病院への移送など、介護保険で賄えないサービス。こちらは実費負担になる。

■介護サービスにかかる費用は①②③の合計

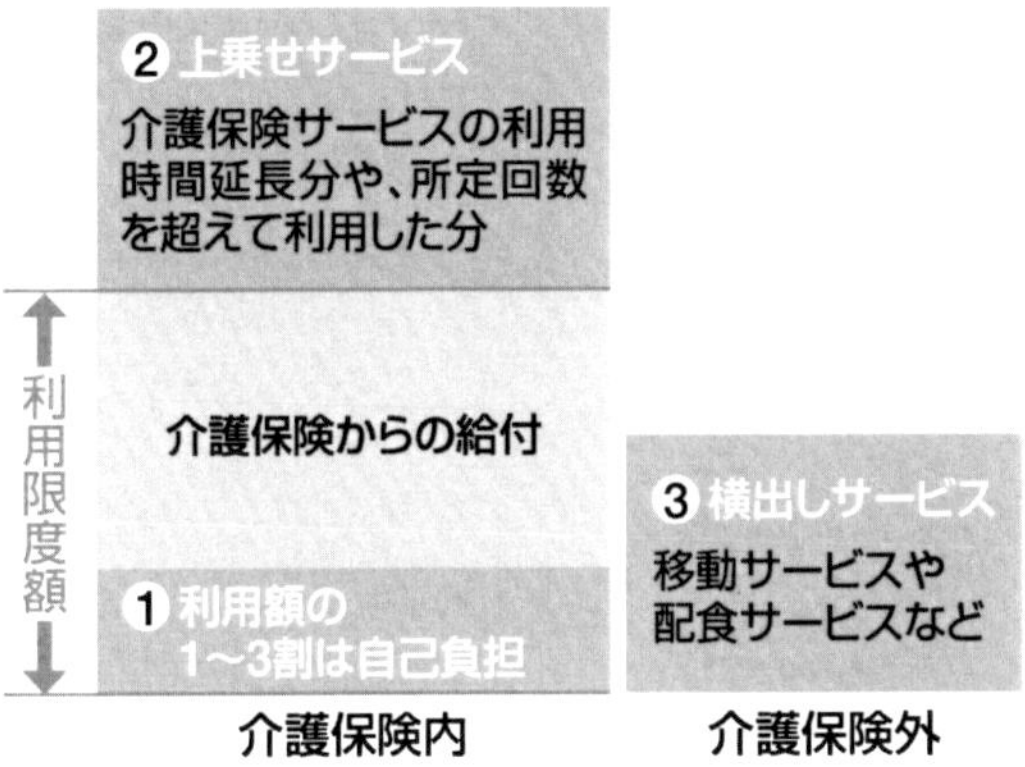

では要介護者の住まいの違いなどから、4つのケースに分けて、介護にかかる費用を試算しよう。

【ケース①】特別養護老人ホーム（要介護4）

上田和子さん（仮名・84）は夫を亡くした後、乳がんを発症。手術後に浴室で転倒し、骨折した。がん再発の不安と骨折のショックでふさぎこみ、認知症を患った。現在、要介護4だ。遠方に子どもが1人いるが、持病を抱えるため、親の面倒を見ることができない。そのため和子さんに特別養護老人ホーム（特養）のユニット型個室に入居してもらった。特養での生活には介護保険対象の施設利用料以外に、居住費、食費、日常生活費などがかかる。

和子さんの場合、施設利用料は1割負担で月額3万3892円。さらに居住費が3万9300円、理美容代や医療費などの日常生活費が4万円かかる。特養などの介護保険施設では、所得や預貯金などに応じた「利用者負担段階」によって、居住費や食費の負担額が変わる。和子さんの場合、毎月の国民年金と遺族年金の合計収入が14万3000円、預貯金が約900万円で、「第3段階」と認定された。結果、毎月の収支は1万円強の黒字の計算となる。

ただ医療費が増えたり、介護保険対象外のサービスを使ったりすれば、途端に月収支は赤字に陥る。相部屋に移るなどして居住費を節約する方法もあるが、空室があるとは限らない。空き家である自宅の手入れも必要。子が遠方にいるため、必要な作業を業者に委ねると費用がかさむのが悩みだ。

CASE 1　要介護4｜特別養護老人ホーム

84歳の女性。埼玉県川口市在住。夫を亡くした後に乳がんを発症。手術後、浴室で転倒し骨折。その後、認知症を患う。子どもは1人で、遠方暮らしで持病があるため母親の面倒を見ることができない

収入	**年金**（国民年金・遺族年金）	**14万3000円**
支出	**特養の施設利用料**（介護保険の自己負担分。第3段階、要介護4、1割負担）	**3万3892円**
	居住費（第3段階 1310円×月30日）	**3万9300円**
	食費（第3段階 650円×月30日）	**1万9500円**
	日常生活費（理美容代、医療費、日用品代など）	**4万円**
支出合計		**13万2692円**
収支		**1万0308円**

（注）金額はすべて月額。▲はマイナス

【ケース②】サービス付き高齢者向け住宅（要介護1）

吉沢明さん（仮名：75）は妻を亡くした後、賃貸住宅に1人で暮らしていたが、玄関先で転倒。脳出血によって右手足にマヒの後遺症が残った。単身で暮らす不安から、近隣のサービス付き高齢者向け住宅（サ高住）に引っ越した。月額費用は生活支援サービス費や食費を含め、26万6600円かかっている。

介護サービスは外部の事業者を利用。通所リハビリを週2回、介護ヘルパーにも週2回来てもらい、掃除や洗濯などの家事を支援してもらう。室内での入浴介助やレンタルの歩行器なども利用中だ。

2018年8月の制度改正で、現役並みの所得（具体的には年金とその他所得の合計が単身世帯で年340万円以上、2人以上世帯で463万円以上）がある要介護者は、介護保険サービスの自己負担が3割に上がった。明さんはその対象に該当し、月額4万7325円を支払っている。

介護保険には「高額介護サービス費」という、一定額（収入により異なる）を超えた部分が払い戻される制度がある。明さんの場合、自己負担の上限額は4万4400円で、差額は払い戻されるが、その時期は数カ月後だ（時期は自治体により異なる）。

支出がかさみ、年金が月34万円あるにもかかわらず、明さんの月の収支は赤字。最大の要因は何といっても、約27万円という高額なサ高住費用にある。

高級志向が強い明さんは、設備が充実し、サービスも手厚いサ高住を選び、浴室がある部屋で暮らす。そのぶん月額費用は高いが、預貯金に余裕があるため、赤字でも問題ないと考えている。動けるうちに人生を楽しむ気持ちも強く、旅行費などの支出もいとわない。

ただ今後の収支は気がかりだ。年を重ねると要介護度が高くなる可能性があり、その場合は介護保険サービスの費用が上がる。

要介護度が高まった場合、より充実した介護を受けられる介護付き有料老人ホームでの暮らしも魅力的で、その入居には多額の一時金が必要になる。それを預貯金で賄えるのか。明さんは近々収支をシミュレーションするつもりだ。

CASE 2 要介護1 | サービス付き高齢者向け住宅

75歳の男性。神奈川県川崎市在住。妻を亡くし、賃貸住宅の玄関先で転倒。脳出血となり後遺症が残る。右手足にマヒがあり、外出時はつえや歩行器を使用。子どもは2人

収入	年金（国民年金・厚生年金）	34万円
支出	サ高住の費用（家賃、共益費、生活支援サービス費、食費など）	26万6600円
	介護保険の自己負担分（要介護1、3割負担） ・通所リハビリ／週2回 ・身体介護・生活援助／週2回（介護ヘルパーと一緒に掃除や洗濯などを行う） ・身体介護（入浴介助）／週2回 ・福祉用具レンタル（手すり、歩行器）	4万7325円
	通所リハビリの食事代・おやつ代（月9回）	6750円
	日常生活費（医療費、各種税、社会保険料など）	9万円
支出合計		41万0675円
収支		▲7万0675円（預貯金の取り崩しで補塡）

（注）金額はすべて月額。▲はマイナス

【ケース③】介護付き有料老人ホーム（要介護3）

岩渕政治さん（仮名：79）は認知症を患い、妻が自宅で介護していた。そうした中、妻が体調を崩したため、自身は介護付き有料老人ホーム（有老ホーム）に入居。大半の有老ホームでは、入居する際には入居一時金が必要となるが、不要のところもある。子は母親の生活のため自宅を売却せず、預貯金をできるだけ減らさない方針で、一時金不要の有老ホームを選んだ。

家賃と管理費、食費を合わせた月額利用料は17万8000円。ほかに介護保険サービスを利用しており、自己負担は月4万8420円。介護付き有老ホームは毎月の介護保険の自己負担が介護度に応じて定額となっている。そのため、在宅介護のように自分の希望でサービス内容を変えて利用料を減らすことはできない。

さらに、おむつ代や理美容代、訪問診療の医療費などもかかる。これらは介護保険外であるため、利用が増えれば支出も膨らむ。それに妻の月収支の赤字補填を加えた日常生活費が7万3000円。それらの費用を年金収入（国民年金・厚生年金）の

24万円から差し引くと、月の収支は約6万円の赤字で、預貯金を取り崩している。将来的に夫婦の要介護度が上がれば、自宅の売却も含めた資金繰りの見直しが必要となりそうだ。

CASE 3 要介護3 | **介護付き有料老人ホーム**

79歳の男性。名古屋市在住。認知症を患う。在宅介護していた妻が体調を崩し、夫は老人ホームに入居。 妻については3人の子どものうち遠方に住む娘2人が協力して、在宅で介護している

収入	**年金**(国民年金・厚生年金)	**24万円**
支出	**有老ホームの利用料**(家賃11万3000円、管理費2万7500円、食費3万7500円)	**17万8000円**
	介護保険の自己負担分(要介護3、2割負担)	**4万8420円**
	日常生活費(おむつ代、理美容代、医療費、各種税、社会保険料、妻の生活費の赤字補填など)	**7万3000円**
支出合計		**29万9420円**
収支		**▲5万9420円**(預貯金の取り崩しで補填)

(注)金額はすべて月額。▲はマイナス

【ケース④】在宅介護（要介護2）

矢野小百合さん（仮名：88）は夫と離婚後、親の支援を受けながら、子ども2人を育て上げた。だが子どもの自立後、交通事故に遭遇。その後遺症で歩行が不自由になった。なるべく子どもに頼りたくないという意識が強く、自宅のトイレなどに手すりを設置してバリアフリー住宅に改装。介護保険サービスを利用しながら生活している。

使っている介護保険サービスは、入浴介助付きのデイサービスが週3回、掃除・洗濯・買物などの生活援助が週2回、デイサービスの送り出しの介助が週3回、外出用の車いすと特殊寝台などのレンタル。そのほか配食サービスを週4回、実費で利用している。またコンサートや図書館に出かけるため、民間団体の移動支援サービスを月2〜3回依頼している。

年金収入は11万円だが、自己負担1割の介護保険サービスを使いすぎず生活費を節約しているため月の収支は黒字を維持している。だが小百合さんにとって、不安の種は将来の介護費用。仮に認知症を患ったり、体がさらに不自由になったりして、要介護度が上がれば負担額は増える。収入の増加は見込みにくく、将来的に赤字をいかに少額にとどめるかが課題だ。

仮に認知症を患えば、資金繰りなどの判断能力も衰えることになる。そうした際は貯蓄を取り崩しながら、グループホームなどで生活することも選択肢の1つ。小百合さんは近々、子どもにそうした意向を伝えるつもりだ。

佐川京子（さがわ・きょうこ）
老親が約20年間で25カ所、高齢者施設を替えたことと、在宅介護の経験を生かし、高齢期の住まい、介護のお金についての業務を行う。

CASE 4 要介護2 | 在宅介護

88歳の女性。福岡市在住。自宅で1人暮らし。夫と離婚後、子ども2人を育てた。子どもには介護を頼れず、介護保険サービスを利用。交通事故の後遺症で歩行が不自由。預貯金は1000万円ほど

収入	年金（国民年金・厚生年金）	11万円
支出	介護保険の自己負担分（要介護2、1割負担） ・身体介護／週3回（デイサービスに行くときの送り出し介助） ・生活援助／週2回（掃除・洗濯・買い物など） ・デイサービス（入浴介助付き）／週3回 ・福祉用具レンタル（車いす、特殊寝台と付属品）	2万1285円
	デイサービスの食費（1回700円×13回）	9100円
	配食サービス（1回577円×18回）	1万0386円
	日常生活費（医療費、移動支援サービス代、各種税、社会保険料など）	6万円
支出合計		10万0771円
収支		9229円

（注）金額はすべて月額。▲はマイナス

自治体が提供するサービスを賢く使う

介護にかかる費用すべてが、介護保険でカバーされるわけではない。ただし、介護保険サービス以外にも、高齢者には手頃な価格で利用できる支援がある。全国の自治体が提供するサービスはその代表格だ。食事の宅配や寝具の洗濯・乾燥など種類は幅広く、自治体ごとに特徴的なメニューもある。

例えば外出時の移動に使えるタクシー代の助成。栃木県那須塩原市では、70歳以上の高齢者（条件あり）を対象に500円分のタクシーチケットが年間最大70枚交付され、一度に10枚まで使用できる。

雪国在住の高齢者であれば、除雪サービスを利用できる自治体も多い。業者に依頼すると1回数千円かかるが、条件により無料で作業してもらえる（函館市など）。

銭湯などで使える入浴券を配付する自治体もある。東京都西多摩郡日の出町では、一般向けが４００円の温泉を、高齢者は１００円で楽しめる。

■ 生活支援から見守りまで幅広い
—介護保険外で利用できる自治体サービスの例—

生活支援系	食事の宅配サービス	実費で食事を配達。見守りや安否確認の意味合いも（300～800円程度／回）
	おむつ代の助成・配達	要介護度に応じて支払った紙おむつ代が助成される（数千円／月、上限あり）
	寝具の洗濯・乾燥サービス	1～2カ月に1度、寝具を洗濯・乾燥してくれる（無料～実費の一部負担）
	理美容サービス	外出が困難な高齢者の自宅に理美容師が派遣される（数百～3000円／回）
	生活用具給付・助成	車いすやつえなどのほか、電磁調理器などの購入を助成（無料～購入実費の一部補助）
	ゴミ出し支援	玄関先にゴミを出すと収集してくれる（無料、または有償ボランティアに依頼）
安全・安心系	見守り・定期訪問	民生委員や町内会、新聞配達員などと連携して見守る（無料～数百円）
	緊急通報システム	通報機のほか電気の使用状況などで判断し緊急時に通報（無料～2000円程度／月）
	高齢者探索サービス	認知症の高齢者を対象に発信器などを貸与（数百円／月）
	火災報知器の貸与・給付	認知症など防火の配慮が必要な家庭向け（無料～実費の一部補助）

（出所）全国自治体のホームページなどを基に筆者作成

見守りや生活支援も

高齢の親と離れて暮らす子どもにとっては、親の安否は気に掛かるもの。東京都荒川区では、「高齢者みまもりネットワーク」に登録すると、地域包括支援センターや町内会、民生委員、警察、消防などが名簿を共有し、定期的に声かけなどを実施してくれる。さらに緊急医療情報キットを無料配付。弁当代などの実費はかかるが、区が配食サービスや緊急通報システムと契約し、日々の見守りに対応してくれる。同区で65歳以上の高齢者のみの世帯は約2万5000。うち約5000世帯がネットワークに登録し、「見守りが必要な世帯の多くに広まってきている」(同区高齢者福祉課・堀裕美子氏)という。

高齢者世帯では家事や庭木の水やりなど、日常生活の困り事も多い。東京都八王子市は地域のボランティア団体に補助金を出し、「住民主体による訪問型サービス」として、地域の高齢者を見守ったり生活支援したりしている。「地域によってニーズは異なる。八王子市は東京都で2番目の広さだからこそ、住民目線での訪問型サービスに意義があると考えている」（同市高齢者福祉課・辻野文彦氏）。

こうした自治体サービスが乏しい場合、社会福祉法人やシルバー人材センターの有償ボランティアに依頼するのも手だ。短時間のものに限られるが、費用は1時間1000円前後と手頃である。

自分の住む自治体にどんなサービスがあるかを調べるには、どうすればいいのか。

「いちばん簡単な方法は、地域包括支援センターに相談すること。公的サービスはもちろん、『このスーパーは無料で宅配してくれる』など、地域の情報にも詳しいはず」（前出の堀氏）という。


（ライター・神　素子）

一口に介護施設といっても多種多様

老後の住まいの選び方

「6年半の有料老人ホーム生活で、母の貯金は2000万円から700万円まで減った。これはまずいと思った」。87歳の母親を介護する都内在住の50代の女性、Aさんはそう振り返る。

Aさんが母親の様子に違和感を覚えたのは7年前。専門病院で認知症と診断され、介護保険の利用を申請すると「要介護2」と認定された。「制度に詳しくなくて、要介護と認定されたら、とにかく有料老人ホームを探すしかないと思い込んでいた」(Aさん)。

半年ほどかけて検討し、大手事業者の運営する介護付き有料老人ホームへの入居を決めた。入居時にかかる一時金も100万円程度で、「今後も資金面で問題が生じることはないだろう」と踏んでいた。

ただ、実際入居してみると何かと物入りだった。レクリエーション費用など諸経費も加えると、月額費用は30万円超。年金収入は月17万円程度あったが、月々15万円前後は貯金を取り崩した。

2年前に母親が「要介護3」と認定されたのを契機に、特別養護老人ホーム（特養）など費用の割安な次の施設を探し始めた。ほとんどの特養は100～300人待ちだとされたが、遠方の1施設のみ空きがあり、無事転居できた。

移った施設も個室で、介護の質は前と同等以上と感じたが、月額費用は9・5万円と約3分の1だ。「施設によってこんなに差があるとは知らなかった。長寿家系なので、あのまま元の施設にいたら早晩蓄えが尽きていた」（Aさん）。

要介護3が目安に

高齢期を迎えた人が施設への入居など住み替えを考えるきっかけは、加齢に伴う体力の低下や大病を経験するなど、今の暮らしの継続に不安を感じた場合が多い。

ただ、介護を受けるようになってからは、本人の意思より、子どもなど家族の意思が重視されがちだ。高齢者住宅情報センターの久須美則子東京センター長は、「探す時間や手間、転居の労力など考えると、要介護状態になってから自分で決めるのは難しい。実際にいつ住み替えるかは別にしても、気力・体力・判断力の充実しているうちに検討を始めることが大切」という。

では、住み替え先の候補を見て見よう。

いつ住み替えるかがポイントだ

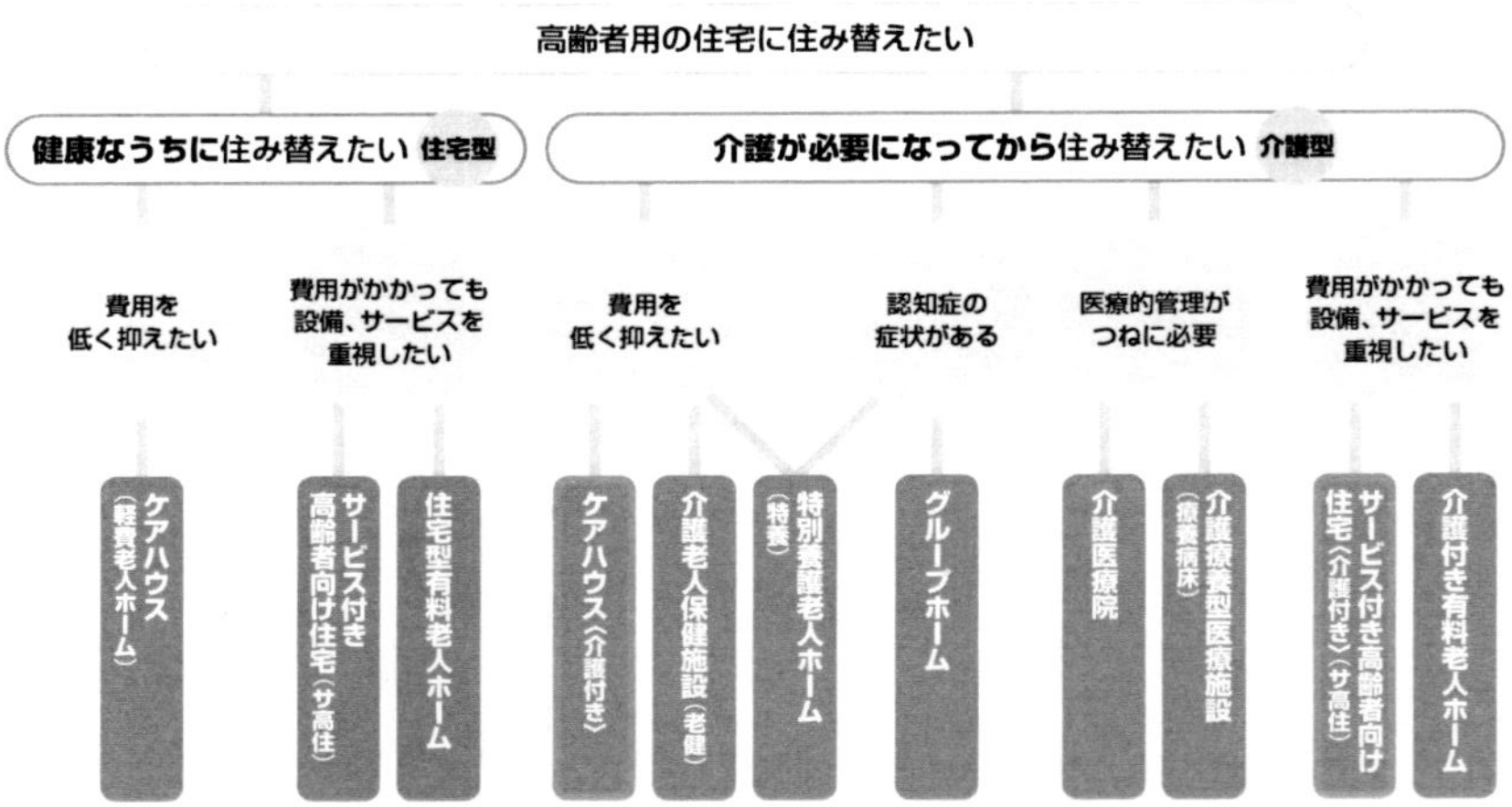

（注）「介護付き」は各都道府県から介護保険の「特定施設入居者生活介護（特定施設）」の指定を受けており、24時間体制で施設の職員が介護サービスを提供　（出所）取材を基に本誌作成

まず健康なうちに早く住み替えたいとしたら、住宅型有料老人ホームやサービス付き高齢者向け住宅（サ高住）、そしてケアハウスなどが対象となる。費用がかかってもよいなら、住宅型有料老人ホームやサ高住への入居が考えられる。有料老人ホームとサ高住は民間の高齢者施設で、どちらも右肩上がりで規模拡大を続けている。

両者の大きな違いは、賃貸住宅であるサ高住の多くは入居一時金が不要で、入居しても不満なら退去の決断がしやすい点だ。ただサ高住に必ずついているサービスは、「安否確認」と「生活相談サービス」の2つのみ。住宅型有料老人ホームが提供する食事や家事支援などはオプションでの対応だ。

ケアハウスは家事など自宅での生活が難しい人向けの施設で、食事や安否確認などのサービスがつく。前記2施設との違いは、福祉施設のため公的助成があり、所得に応じて費用が軽減される点だ。ある高齢者施設幹部は、「いわば家賃補助のある3食付きアパート。自由度も高く、体の自由が利くうちならぜひ勧めたい」という。施設数は多くはなく、自治体住民が優先されるが、他自治体の住民でも受け入れている地域もある。

現実的には大半の当事者や家族にとって、住み替えを実行に移すのは自宅での介護が難しくなったときだろう。一般的にはそれは「要介護3」だといわれている。

「母と子ども3人の4人がいても、在宅での父の介護は難しかった」。北陸地方に住む30代の女性、Bさんはそう実情を語る。70代の父が脳梗塞で倒れ、右半身不随となった。要介護3と認定され家中をリフォームしたが、階段の上り下りが大変で、子どもたちが仕事の都合で実家を出たのを機に、施設への入居を決めた。「母1人の老老介護ではとうてい無理」（Bさん）だと感じたためだ。

介護が必要となり、急いで住み替えたい場合、とくに都市部で現実的な選択肢となるのは、介護付き有料老人ホームだ。

介護付き有料老人ホームは介護保険の「特定施設」の指定を受けており、施設の職員が24時間体制で介護サービスを提供する。個別に契約する住宅型やサ高住とは異なり、介護保険の要介護度ごとに決められた定額制である。サ高住やケアハウスにも特定施設はあるが限定的だ。

主な施設の特徴、利用料、注意点など

これだけある高齢者の住まい。いつ、どのような施設の選択すべきか、メリットや注意点などを確認しておこう。

はじめに、健康なうちに住み替えたい（住宅型）場合

①住宅型有料老人ホーム

食事や家事支援などのサービスが受けられるところが多い。介護サービスは別途契約。

【要介護度】自立～中度

【費用】

（入居一時金）0～1億円（介護付きは高額な場合も）

（月額利用料）10万～40万円＋介護費

【メリット】外部の介護サービスを入居者自ら選ぶことができる

【注意点】　利用する介護サービスごとに費用を支払うので高額になりがち

②サービス付き高齢者向け住宅（サ高住）

安否確認と生活相談がつく。介護付きは一部で、別途契約が一般的。

【要介護度】　自立～中度　介護付きは要支援1以上

【費用】

（入居一時金）　0～数十万円（介護付きは高額な場合も）

（月額利用料）　8万～20万円＋介護費（介護付きは12万～25万円）

【メリット】　入居一時金が不要な施設が大半で、退去の決断がしやすい

【注意点】　サービスの質は施設ごとのばらつきが大きい

③ケアハウス（軽費老人ホーム）

身の回りのことはできるが、家事など自宅での生活が困難な人向けの福祉施設。

【要介護度】　自立～中度（介護付きは要支援1以上）

【費用】

（入居一時金）０～数百万円（介護付きは高額な場合も）

（月額利用料）８万～２０万円＋介護費（介護付きは１０万～３０万円）

【メリット】低額な費用で基本的な生活サービスを受けられる
【注意点】施設数は多くない。申し込み条件として住民登録している人を優先する地域も

つぎに、介護が必要になってから住み替えたい（介護型）の場合

④特別養護老人ホーム（特養）

つねに介護が必要な人に、生活全般にわたって介護サービスを提供。認知症、看取りにも対応する。
【要介護度】要介護３以上
【費用】（月額利用料）５万～１５万円

【メリット】低コストで、重度化しても最期まで利用が可能
【注意点】地域によっては待機者が多く、入居までに時間がかかる

⑤介護老人保健施設（老健）

病院から退院後、在宅復帰を目指す。特養の入居待機場所として利用するケースも多い。

【要介護度】要介護1以上
【費用】（月額利用料）6万〜17万円
【メリット】リハビリが手厚い
【注意点】入居期間は原則3カ月と限定的

⑥介護療養型医療施設（療養病床）

病院に併設されることが多く、長期療養が必要な場合に入居。

【要介護度】要介護1以上

【費用】（月額利用料）6万～17万円
【メリット】胃ろう、酸素吸入、経鼻栄養など医療的管理下でのケアが充実
【注意点】2024年3月末までに他施設に転換、廃止される

⑦介護医療院
介護療養型医療施設の転換先として、2018年度に創設された。
【要介護度】要介護1以上
【費用】（月額利用料）6万～17万円
【メリット】機能訓練室やレク施設設置など長期の療養に適した施設
【注意点】創設されたばかりで施設数は限定的

⑧介護付き有料老人ホーム
施設職員が介護サービスを提供する民間施設。
【要介護度】要支援1以上

【費用】
（入居一時金）０～１億円
（月額利用料）１０万～４０万円
【メリット】２４時間体制で必要な介護を受けられる
【注意点】利用料が高めの施設が多い

⑨グループホーム
認知症高齢者向けの民間施設。家庭的環境で少人数が暮らす。
【要介護度】要支援２以上
【費用】
（入居一時金）０～１００万円
（月額利用料）１２万～１８万円
【メリット】認知症ケアに適した施設。自発的な暮らしが尊重される
【注意点】申し込めるのは自治体に住民登録している人のみ

（出所）太田差惠子『高齢者施　お金・選び方・入居の流れがわかる本第2版』、取材などを基に本誌作成。

入居直後が要注意

特養は介護付き有料老人ホームと同じく、施設の職員が24時間体制で介護サービスを提供する。認知症や看取りにも対応しており、重度化しても最期まで利用できる。近年はユニット型など個室化が進んでいるが、入居一時金はなく、所得に応じて費用が軽減されるため、国民年金のみを受給している場合でも入居可能だ。

申し込めるのは原則要介護3以上に限られる。必要度の高い人が優先されるので、都市部など地域によっては入居までかなりの時間を要することもある。遠方まで対象地域を広げて探すのも一案だ。

ただし特養ならどこでも安心というわけではない。特養に詳しいUビジョン研究所の本間郁子理事長は、「旧態依然の特養も少なくない。常勤職員の比率や第三者（評価機関）のチェック機能の有無などを事前に確認すべきだ」と話す。

特養やケアハウスと同様に福祉施設のため、所得による費用の軽減措置があるのが、介護老人保健施設（老健）と介護医療院、介護療養型医療施設（療養病床）だ。

老健は医師、看護師のほか作業療法士など専門職も配置され、リハビリに手厚いのが特徴だ。入居期間は原則3カ月とされるが、実際はもっと長く利用されている。

療養病床は病院に併設され、酸素吸入など医療的管理下でのケアが充実している。ただ24年3月までに廃止されることになっており、転換先として18年度に介護医療院が創設された。

また認知症に特化した民間施設がグループホームだ。認知症の高齢者が1ユニット9人までの少人数で介護を受けながら共同生活を送っている。共同生活できることが前提なので、介護度が高くなると住み続けることが難しくなる。

いずれにせよ、「施設がすべてを完璧にやってくれると思ったら大間違い。入居後3カ月間はとくにトラブルが起きやすいので注意が必要」と、介護経営コンサルタントの小川利久氏は語る。

大手事業所の事業拡大は続く

ニチイ学館、ＳＯＭＰＯホールディングス、ベネッセホールディングスの「３強」を筆頭に、介護付き有料老人ホームには多くの上場会社が進出し、さまざまな価格帯の施設を提供している。

低価格帯もあるとはいえ、冒頭のＡさんの例で見たように、相応の費用負担が前提だ。「選択できるのは厚生年金を受給しているなどで、少なくとも月１５万円以上の収入がある場合。それが難しければ特養を探すべきだ」。高齢者施設に詳しい介護・暮らしジャーナリストの太田差惠子氏は話す。

高齢者向けの住まいは、多種多様だ。それぞれの特徴を捉えつつ、本人や家族にとって譲れない条件やニーズをしっかり把握したうえで、悔いのない選択することが欠かせない。

（風間直樹）

ここまできた認知症ケア

「とてもおいしい卵なので自信を持って売れる。販売の仕事はやり取りが楽しく、認められた感じがするのもうれしい」

介護業界大手のＳＯＭＰＯケアが運営する介護付き有料老人ホーム「ラヴィーレ入間」（埼玉県入間市）に入居する山本はる子さん（９０）は、そう笑顔を見せる。

ラヴィーレ入間では２０１９年１月から毎月一度、施設前で地元名産の「たかはしたまご」の販売会を開いている。販売会の１週間前から、施設周囲にはそれを知らせるのぼりが立ち並ぶ。販売時間は１時間だが、近隣の住民を中心にリピーターが次々とやってくる。

販売を手伝っているのは、山本さんたち入居者だ。同施設では入居者９０人のうち、予備軍である軽度認知障害を含めると、約半数が認知症だ。山本さんも要介護1でアルツハイマー型認知症だと認定されている。それでも普通に施設外に散歩に出かけることで顔見知りが増え、卵を買いに来てくれる友人もできた。

「施設内だけでケアを完結させるのではなく、地元に根付いて積極的に地域に出て行きたい」。ラヴィーレ入間の須田慶子ホーム長はそう力を込める。今後は古民家を間借りして、温玉かけご飯を提供するイベントを実施する予定。希望する入居者に、配膳など店内作業を担ってもらうつもりだ。

記憶力や判断力などの知的能力が何らかの原因で低下し、仕事や日常生活に支障を来した状態である認知症。「団塊の世代」の全員が75歳以上の後期高齢者となる2025年には、認知症の高齢者（65歳以上）は約700万人になると厚生労働省は推計している。軽度認知障害の人まで含めると1000万人を超えるとみられ、高齢者の3人に1人となる。

新薬開発は連戦連敗

認知症は年齢を重ねるほど発症リスクが高まるため、超高齢化社会の日本では、誰もがなりうると捉えるのが自然だ。

一口に認知症といっても、その種類によって特徴はさまざまだ。最も多いアルツハイマー型認知症は記憶障害が顕著なのに対して、反社会的な行動が特徴の前頭側頭型認知症は物忘れが強く出ないため、すぐには認知症と気づかれないこともある。

そのうえ、「同じ人でもその日によって症状のばらつきが激しい点に認知症ケア特有の難しさがある」と、認知症専門施設の元経営者は実情を語る。「認知症が重い反面、体は普通に動くような場合がいちばん大変。そうなると、現実的に家族だけで対応するのは不可能だろう」(同)。今では、介護が必要になった主な原因のトップが認知症だ。

■ **種類によって特徴はさまざま**
—認知症の種類ごとの代表的な症状—

全体の6割程度	全体の2割弱
アルツハイマー型認知症	**脳血管性認知症**
最近の記憶から失われるなど、記憶障害が顕著	血管部位により症状が異なる。言語障害や歩行障害も
レビー小体型認知症	**前頭側頭型認知症**
幻視やパーキンソン病の症状が特徴的	性格、人格が変化し反社会的な行動を取る

（出所）取材を基に本誌作成

■ **認知症がトップ**
—介護が必要となった主な原因—

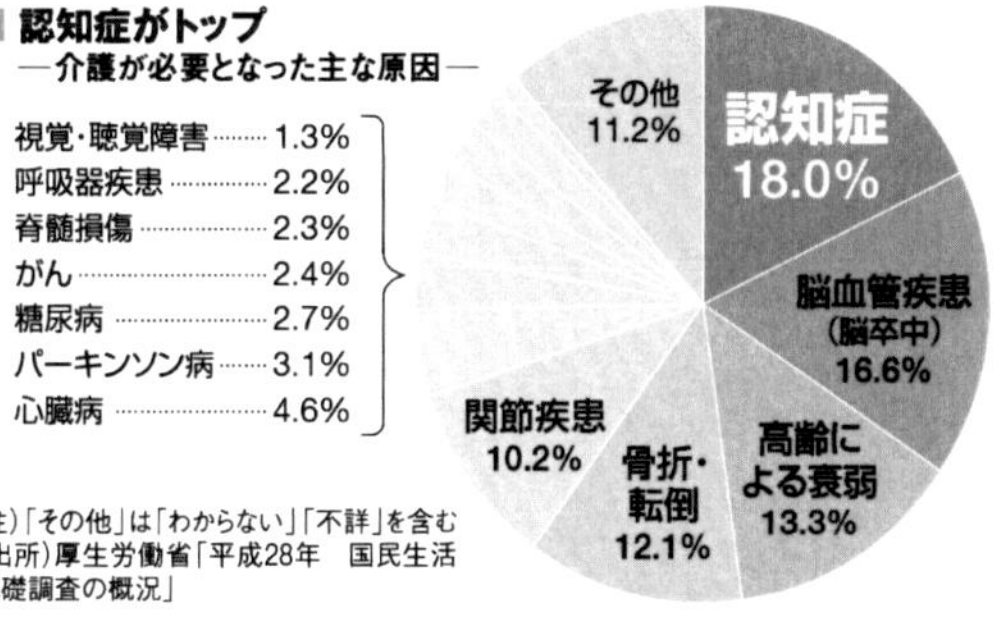

（注）「その他」は「わからない」「不詳」を含む
（出所）厚生労働省「平成28年　国民生活基礎調査の概況」

認知症の多くは根本から治療する方法がまだない。現在医療保険の適用がある4種の治療薬は、どれも認知機能低下の進行を一時的に遅らせるにとどまる。そのため、本人や家族、医療関係者から認知症の新薬を期待する声は大きい。

だが、新薬の開発中止が相次いでいる。19年9月、国内製薬大手のエーザイは、認知症治療薬「エレンベセスタット」の開発を中止すると発表した。同社は米製薬大手のバイオジェンと共同で、3つの認知症治療薬の実用化を目指し、いずれも最終フェーズの治験第3相まで進んだ。しかし19年3月、有力新薬と名高かった「アデュカヌマブ」が開発中止に追い込まれたのに続き、今回2つ目も消滅。残り1つのところまで追い込まれた。

画期的な新薬が当面望めない中、認知症の人が自分らしく暮らしていくには、社会とのつながりや役割の創出が欠かせない。ラヴィーレ入間の取り組みは、まさにそれが狙いであり、同様の取り組みはさまざまな施設で進んでいる。

19年5月に千葉県船橋市にオープンしたサービス付き高齢者向け住宅「銀木犀（ぎんもくせい）〈船橋夏見〉」。そこには、豚しゃぶを提供するレストラン「恋する豚研究所」が併設されている。9月からは希望する入居者が店員として働き始めている。

「サービスだけではなく仕事も付いてくる高齢者向け住宅を、ずっとやってみたかった」。運営するシルバーウッド代表の下河原忠道氏は話す。「自分の役割があると思えることの典型が、仕事があることだと思う。制度や社会保障費に依存しない『稼ぐ高齢者住宅』を目指したい」。

予防重視に当事者反発

認知症の人の役割の創出や本人の視点・意思を尊重した、社会・地域との「共生」は、2015年に策定された認知症に関する国家戦略「新オレンジプラン（認知症施策推進総合戦略）」でも重視された。

それを引き継ぎ、政府は19年6月、25年までの認知症対策をまとめた「認知症施策推進大綱」を決定した。そこでは従来の「共生」とともに、「予防」を車の両輪として、前面に打ち出した。

政府は当初、70代人口に占める認知症の人の割合を6年間で6％減らすという数値目標を盛り込もうとしていた。こうした予防重視の方針に対して、根本匠厚生労働相（当時）と意見交換した認知症当事者たちからは、「予防に取り組んでいながら認知症になった人が、落第者になって自信をなくしてしまう」「認知症予防にいいからと、やりたくないことをやらされて、うつ状態になる人が多い」など、懸念の声が上がった。

当事者団体の「認知症の人と家族の会」も「偏見を助長し、自己責任論に結び付きかねない」と予防重視の方針を批判。これらを受け、数値目標は事実上撤回されて、原案の「予防と共生」という表記を「共生と予防」に修正した。

厚労相と意見交換した当事者の1人の柿下秋男さん（66）は「診断された当初は先が見えなくなったが、魅力的な当事者の仲間と出会えて、認知症でもできることはまだまだあるとわかった」と語る。

確立した予防法がない中で、数値目標だけが独り歩きしかねなかった政府の当初方針は早計だった。大綱の制定は前進だが、具体的な施策は認知症の人や家族が穏やかな生活を送るためのものであることが大前提だ。

（風間直樹）

2025年の高齢者施設〝不足説〟を検証

「介護難民」発生予測のウソ

介護・医療ジャーナリスト・長岡美代

団塊世代のすべてが75歳以上の後期高齢者となる2025年、膨らむ介護ニーズに供給が追いつかず、「介護難民」が発生するのではと予測されている。増田寛也元総務相が率いた日本創成会議が15年、「東京圏介護破綻」を警告し、回避策として地方移住を促してから、そうした懸念はたびたび指摘されてきた。

次のマップは本誌が医療情報会社であるウェルネスの協力を得て、25年の75歳以上人口1000人当たりの介護施設の定員を色分けしたものだ（介護施設の定員は19年の数値）。これによると、大阪府や愛知県の一部で介護施設の供給率が低くなる可能性があるとわかる。では実際、25年に介護難民は発生するのか。

人口(2025年予測)比の介護施設定員(現状値)で見ると…

まだら模様の介護施設供給率

75歳以上人口
1000人当たりの定員

- 45人未満
- 45人以上50人未満
- 50人以上55人未満
- 55人以上68人未満
- 68人以上

(注)2025年に2次医療圏の介護施設(特別養護老人ホーム、介護老人保健施設、介護付き有料老人ホームなど)の定員が現在と変わっていないという仮定の下で、人口推計から得られる25年の75歳以上人口1000人当たりの介護施設の定員を5段階で示した

(出所)2025年の75歳以上人口推計は国立社会保障・人口問題研究所「市区町村別将来推計人口」(18年3月)、介護施設定員数は厚生労働省「介護サービス情報公表システム」(19年8月)の数値を利用

(データ協力)ウェルネス・渡部鉄兵氏

岐阜県
静岡県
三重県
愛知県
東海
京都府
兵庫県
大阪府
奈良県
関西

人手不足で受け入れ制限

かつて全国約30万人の待機者が列を成していた特別養護老人ホーム（特養）では今、実は定員割れが生じている。埼玉県内で19年に春オープンした特養でも、20人分のベッドがいまだ空床のままだ。その背景の1つが、人手不足である。「順調にいけばフル稼働しているはずだったが、介護職員の採用が思うように進まない。職員の退職で、ベッドの空きはあっても受け入れを制限している状況」と特養の施設長は話す。

いまや、どの業界も人手不足は共通の課題だが、介護分野の有効求人倍率（常用・パートを含む）は4・43倍と、全職業平均の1・44倍と比べて異常に高い（19年8月）。首都圏の施設でもオープンから1年経っても満床にできない例があるほどだ。

東京都青梅市の特養「和楽ホーム」の宮澤良浩施設長は、次のような事情もあると説明する。

「特養は最低でも入居者3人に介護職員1人を配置しなければならないが（3対1基

準）、実態は2・5対1や2対1以上など基準より手厚いのが一般的。しかし、それも人材難で維持できなくなっている。転倒など事故のリスクや職員の負担を考えると安易に受け入れできない場合もある」

特養は15年度から原則として「要介護3～5」の中重度者に入居が限定され、職員による見守りや食事介助などの手間が増えている。加えて19年春から、働き方改革関連法施行で職員の有給休暇を消化させる必要が生じ、現場は余裕がなくなるばかりだという。

このようにベッドはあっても、人手不足で満床にできないケースがあるほか、施設の供給過剰によって定員割れに至るケースも生じている。その理由は、昨今急増する民間施設の台頭によるものだ。

実際、安否確認が付いたバリアフリーの「サービス付き高齢者向け住宅」（サ高住）は、国費による建設費補助を追い風に急増。表向きは賃貸住宅だが、訪問介護やデイサービスなどを利用しながら多くの要介護者が暮らす。

全国でもサ高住が多い大阪市内では、入居者の確保をめぐる競争が激化している。

市内の特養経営者は、「うちは開設から数年経っても入居率は6割台。こんなに苦戦するとは思っていなかった。民間は入居者の募集広告でもアピールがうまい。見習うべきところがあるのかもしれない」と話す。

民間の有料老人ホームも急増しているが、なかでも訪問介護などを利用して暮らす「住宅型」と呼ばれるタイプは全国約27万床と、「介護付き」の約24万床を上回る(18年6月末、厚生労働省調べ)。開設に規制がなく、届け出だけで運営できるからだ。

低所得者を除けば、入居費は個室化が進む特養と差がなく、民間のほうが安い場合もある。そのため特養に空きが出ても、待機者から断られるケースが相次ぐ。

とはいえ、施設の充足度合いは地域によって違いもある。そこで東京都内と首都圏の主な自治体で、「要介護3～5」の認定者に高齢者施設がどれだけ割り当てられているかを「定員充足率」として、その現状と25年度推計を示したのが次のグラフだ。特養などの「介護施設」だけでなく、民間の「居宅系施設」であるサ高住と住宅型有料老人ホームも加えて算出した。数値が高いほど施設に入りやすいことを意味する。

■ **2025年も高齢者施設は充足の見通し** —1都3県の高齢者施設「定員充足率」予測—

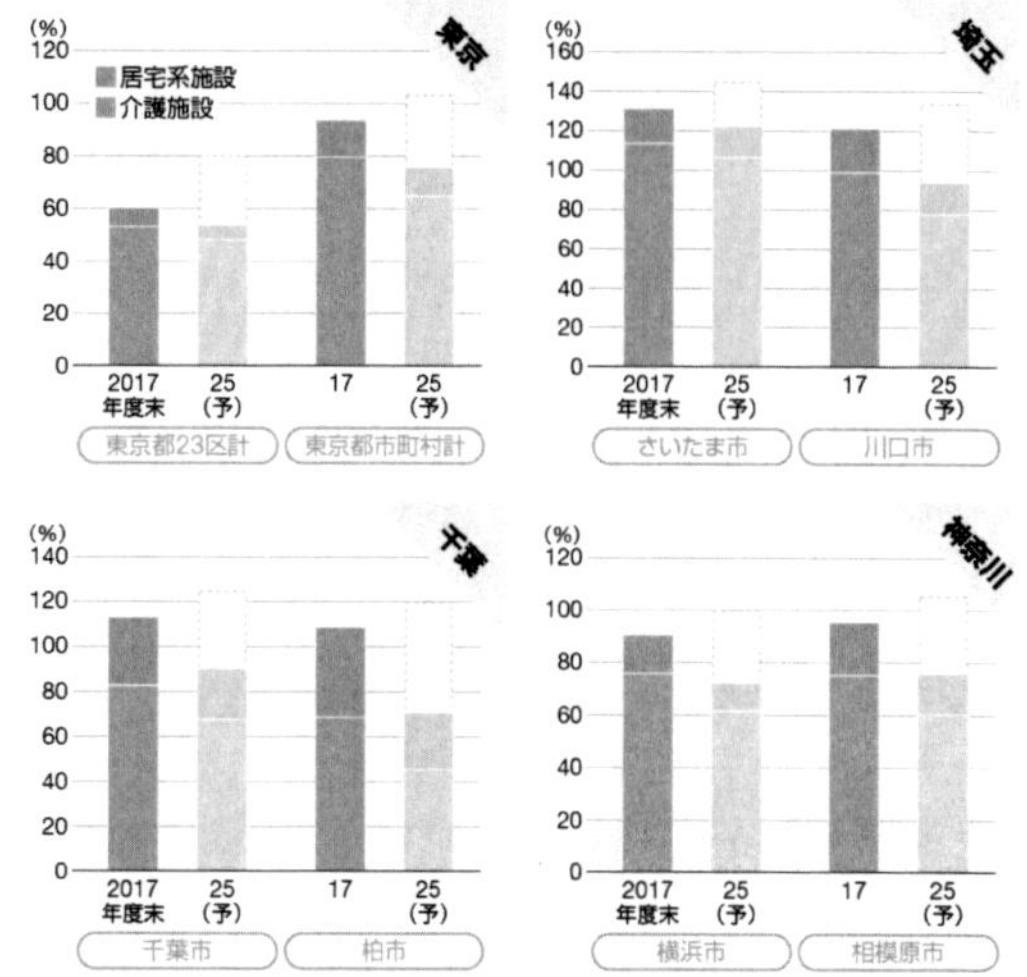

(注)定員充足率＝高齢者施設定員数　要介護(3〜5)認定者数で計算。「高齢者施設定員数」は「介護施設」と「居宅系施設」の合計の定員数。「介護施設」は特別養護老人ホーム、介護老人保健施設、介護療養型医療施設、介護医療院、特定施設(介護付き有料老人ホームなど)、認知症グループホームを指す。「居宅系施設」は住宅型有料老人ホーム、サービス付き高齢者向け住宅を指す。2025年度推計では、要介護(3〜5)認定者数は各自治体の介護保険事業計画上の数値を使用。高齢者施設定員数は20年度見込みの介護施設定員数と18年度の居宅系施設定員数をベースに算出。点線は居宅系施設などの上乗せ分の余地を反映した　(出所)各自治体の介護保険事業計画およびヒアリングを基に筆者作成

介護難民の発生を予測するには、先のマップのように高齢者人口に対する施設定員の充足度を見る方法もあるが、それだと介護が不要な人も含まれており実態をつかみにくい。「要介護3～5」であれば、歩行や排泄など生活全般に介助が必要で、特養の入居対象者とも重なるので、これを施設の需要と見なした。

なお、25年度推計は、20年度末までに自治体が整備を計画している介護施設を加えて計算した。数値が下がるように見えるが、計画外の「居宅系施設」は将来的に増える余地がある。

首都圏の中で定員充足率が群を抜いたのがさいたま市（17年度末に131・4％）。これは同市が25年度の需要を前倒しして施設の建設を急いだからで、「ハコ（施設）ばかりできても、人材の確保が追いつかない」（県内の施設経営者）と現場の不満は高まるばかりだ。それでも同市は20年度末までに特養などの施設をさらに957床増やす計画で、25年度も過剰供給は続きそうだ。

ちなみに、今回と同じ手法で17年にも全国の動向を調べたが、政令指定都市と中核市の定員充足率は平均97・7％に達していた。ほぼ全員が入居できるほどで、定員数が要介護3～5認定者数を上回った自治体は4割超に上った。これら供給過多の地域では入居者の確保が厳しくなっており、淘汰が進むおそれが出ている。

都内でも特養に空き

大都市の東京はどうか。都内ではかつて23区在住者向けに、八王子市や西多摩地域で大量の施設を建設したため、23区内と市町村部の差が目立った。しかし近年は区有地等の活用で、都心でも特養が急ピッチで建設されている。

さらに、都は独自に建設費を助成し、民間施設の供給も後押ししており、17年度の23区内の定員充足率は約6割に上った。都内自治体の介護保険担当者は「在宅サービスとのバランスや施設偏在の解消も必要なので、かなり整備できているのでは」と指摘する。

実際、都内の全特養の入居率は、14年3月末の97・2%から19年3月末に95・4%へと、じわじわと低下（東京都調べ）。19年7月末では東京都内の特養定員から入居者数を差し引くと、２１４０床もの空きがあった。

これには入居者の重度化も影響しているという。区内にある特養の幹部は入居者の回転が速まっていると話す。「入居してから末期のがんだとわかったり、看取りが相次いだりすることも珍しくない。待機者も意外と早く順番が回ってくるので驚いている」（同幹部）。待機者数の多さに惑わされないことも肝心だ。

２５年度の定員充足率は、推計では都内２３区で約５４％に下がるが、先の図では計画外のサ高住など居宅系施設の増加は加味していない。施設が不足すれば供給が増えるのは市場の原理であり、その分の押し上げは期待できるだろう。

加えて２０１８年4月に創設された「介護医療院」もいずれ台頭してくる。医療ニーズや看取りに対応できる長期療養型の介護施設で、国が病院のベッドを減らす方策として制度化した。近い将来、病院からの転換が進む可能性がある。

いずれにせよ、施設不足による介護難民の心配は不要だろう。むしろ今後は、施設の急増で人手不足に拍車がかかり、そのしわ寄せでサービスが低下したり、事業者の倒産が相次いだりするおそれが強い。政府は２０年代初頭までに約５０万人分の施設

（サ高住を含む）を確保しようと躍起だが、ハコ（施設）の整備はもういい。その分、人材確保や育成などのサービス向上に充てることを考えるべきだ。

長岡美代（ながおか・みよ）

一般企業で経営企画に携わった後、介護現場を経て、20年以上前から老人ホームや在宅介護・医療の取材・執筆活動を続ける。著書に『介護ビジネスの罠』（講談社）など。

人手不足で派遣頼み　中小・零細事業者の窮状

政府は2019年10月から介護保険サービスの報酬を引き上げ、経験を積んだ介護職員を中心に給与をアップさせる処遇改善策をスタートさせた。人手不足が深刻化する中、できるだけ介護職員に長く働いてもらおうという狙いだ。これを機に大手介護事業者も、自前の対策を次々に打ち出している。

業界最大手のSOMPOケアは、年間10億円を拠出して介護職リーダーの給与を最大で年80万円引き上げるなど、「地域トップクラス」の水準を目指すという。有料老人ホーム大手のベネッセスタイルケアでは、勤続10年以上で一定のキャリアがある介護職員の8割以上を、年収500万円以上とする方針を明らかにした。

ここまでするのは介護職員の獲得競争が激化しているからだ。介護労働安定センターの調査では、人手不足を実感している介護事業者は年々増加。直近では7割近くに上る。そうした中、大手事業者と中小・零細事業者とでは経営面でも差が開きつつある。

「大手は有利な条件を出せるので人材確保でも優位に立てるが、中小零細の事業者にはそんな余裕はない」。そうこぼすのは大阪府内の有料老人ホーム経営者。介護業界では大手は一部にすぎず、求人に苦戦する中小・零細事業者にとっての頼みの綱は、高コストの紹介・派遣会社になっている。

手数料は約3割が相場

東京都社会福祉協議会が2018年に調べたところ、都内で特別養護老人ホーム（特養）などを運営する法人の56・9％が人材紹介・派遣会社を利用していた。紹介会社に払う手数料は職員の年収の25～30％程度が相場。仮に年収300万円ならば75万～90万円かかる。スポットや短期で派遣会社を利用した場合、事業者負担は介護職員1時間当たり2200~2500円程度、看護職員は同3100円程度だとも明らかになった。こうした人件費負担が中小・零細事業者の経営を圧迫しつつある。

空前の売り手市場といわれる介護職員側もここ数年、派遣会社で働く例が急増している。介護職員の派遣会社への登録数は18年6月時点で2万4970人と、2年前比で6割増（厚生労働省調べ）。勤務時間や休日などの希望がかないやすく、職場の雰囲気になじめなければ辞めればいいといった手軽さが受けている。

都内郊外にある特養の施設長は、「期待に反して、無資格や経験の浅い職員を紹介されるケースは少なくないが、それでも必要に迫られると採用せざるをえない。にもかかわらず、こちらの足元を見て、高い手数料をふっかけてくる」と不満を漏らす。近年は介護に特化した紹介・派遣会社も跋扈（ばっこ）しており、中には本人と面接もしないで、電話で施設に仲介するだけの無責任な対応も見られるという。

さらには、詐欺まがいの〝サクラ〟の介護職員の存在も指摘されている。紹介会社は職員が一定の期間内に退職した場合、紹介手数料の一部を事業者に返還するのが一般的。いわゆるペナルティだが、その期間が過ぎた途端、退職を申し出てくる職員が少なからずいるという。「紹介会社を介して入社後、家庭の事情や体調不良を理由に勤務条件の変更を申し出てくる職員もいる。最初からそのつもりだったのかと疑いたくなる。紹介会社には高い手数料を払っているのに何のフォローもない。また新たに職員を採用しなければならない」（埼玉県内の特養経営者）。

施設の急増で介護職員の採用ニーズは高まっているが、景気がいいのは人材紹介・派遣会社だけで、介護事業者の懐は痛むばかりだ。そのため最近では外国人材に活路を見いだそうとする施設も増えつつある。１７年には介護分野でも技能実習制度がスタートし、１９年４月からは特定技能による在留資格も認められるようになった。介護分野では５年間で最大６万人の外国人材受け入れが見込まれている。

訪問系サービスは消滅も

ただし、外国人材の活用は施設に限定されており、在宅サービスは対象外。そのため人材確保の見通しが立たず、事業から撤退する例が相次ぐ。とりわけ厳しいのが、高齢者の自宅をヘルパーが訪問して、掃除や洗濯などの生活援助と、食事や排泄などの身体介護を提供する訪問介護サービスだ。

次図は、東京都への独自調査で判明した都内における訪問介護事業所の指定（開設）と廃止の推移。これによると16年度から廃止が指定の件数を上回っている。また都内で働くヘルパーの数も13年から17年にかけて約7000人減少している（厚労省調べ）。

■ 撤退が相次ぐ訪問介護事業所

―東京都内の訪問介護事業所の指定&廃止件数の推移―

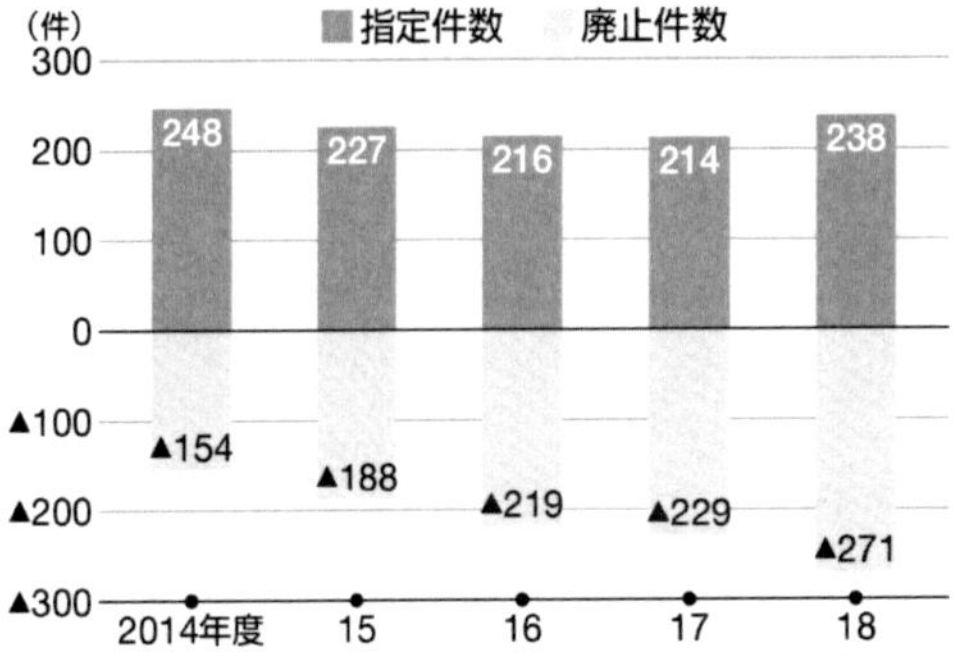

(注)指定件数とは、東京都などから開設の基準を満たして指定を受けた事業所数。廃止件数とは東京都などに廃止を届け出た事業所数(事業所が更新申請しなかった分を含む)。▲はマイナス

(出所)東京都および八王子市への取材を基に筆者作成

東京都江戸川区に本部がある法人は、19年春までに2カ所の訪問介護事業所を廃止した。「人件費がかさみ採算がとれなくなった。ヘルパーのなり手も見つからない。これ以上、事業を続ける意味を見いだせなかった」と幹部は吐露する。

訪問介護は主に「登録型」と呼ばれるヘルパーで支えられ、各人の自宅から支援が必要な高齢者宅に出向き、仕事を終えると自宅に戻る働き方が一般的だ。かつては40〜50代の女性が活躍していたが、昨今は担い手がおらず、ヘルパーの高齢化が進む。中心世代は60〜70代で、80代の現役も珍しくない。「働く側からすると、利用者の入院などで仕事が急にキャンセルになる訪問介護より、安定した給与を見込める施設のほうが好まれやすい」(前出の法人幹部)。

訪問介護には政策的な風当たりも強まっている。15年度から介護度が軽い要支援1・2の人への訪問介護は、介護保険の対象から自治体の事業に切り替えられ、その結果事業者の収入が減少した。2020年の通常国会に上程される見通しの介護保険法改正では、要介護1・2の人への訪問介護まで保険から切り離す案が出されている。

「あらゆる産業が人手不足の中、現在の訪問介護の単価(介護報酬)では担い手を集めにくい。とくに中小・零細事業者には厳しく、将来的には大手しか残れないのではないか」。千葉県介護福祉士会の松下やえ子副会長はそう語る。「そもそも国は、『地域包括ケア』とうたって在宅介護を進めるはずだったが、実際には施設を増やしている。小粒でも地域に根差して高齢者を支えている事業者のことも考えてもらいたい」（松下氏）。

介護が必要になっても住み慣れた自宅で暮らし続けたい。そう願う高齢者は多いが、このままでは夢と化すおそれが強まっている。政府に現場の声は届かないのか。

（介護・医療ジャーナリスト　長岡美代）

介護助手が広げる裾野

慢性的な人手不足に悩む介護業界。今後、介護サービスの利用者の増加が見込まれる中で、人手不足の状況はさらに深刻になることが不安視されている。厚生労働省の試算によれば、2025年度に必要となる介護人材数は約245万人。17年度の従事者は約187万人であるため、58万人もの人材を新たに確保しなくてはいけない。

介護人材確保の手段としては、外国人人材の受け入れが注目を集めているが、同時に厚労省は、定年退職前後のシニア層や就業していない女性などが介護市場に参入しやすい環境を整えることで、彼らに介護分野の担い手になってもらうという青写真を描いている。

その1つの取り組みとして19年度から始められたのが、「介護職機能分化等推進事業」である。

老健の成功事例を横展開

同事業では、初めて介護分野で働くシニア層などに、介護助手として清掃やベッドメイキング、配膳などの周辺業務を担ってもらう。「自分にはとても介護職なんて務まらない」と二の足を踏むような人であっても、周辺業務であればハードルは低くなり、人材の確保も容易になることが期待できる。そして介護助手に周辺業務を任せられる分、介護福祉士などの中核スタッフには、より専門性の高い業務に専念してもらおうという狙いがある。

これまで介護職は、人材の専門分化や機能分化が進んでいない「まんじゅう型」となっており、キャリアパスが見えづらいことが、早期離職につながる要因の1つとされてきた。介護助手制度は人材確保の手段であると同時に、介護職の専門分化や機能分化を進め、介護業界を「まんじゅう型」から「富士山型」へと転換していくための手でもあるわけだ。

■ 多様なキャリアパスがカギに
—国が目指す介護人材の形態—

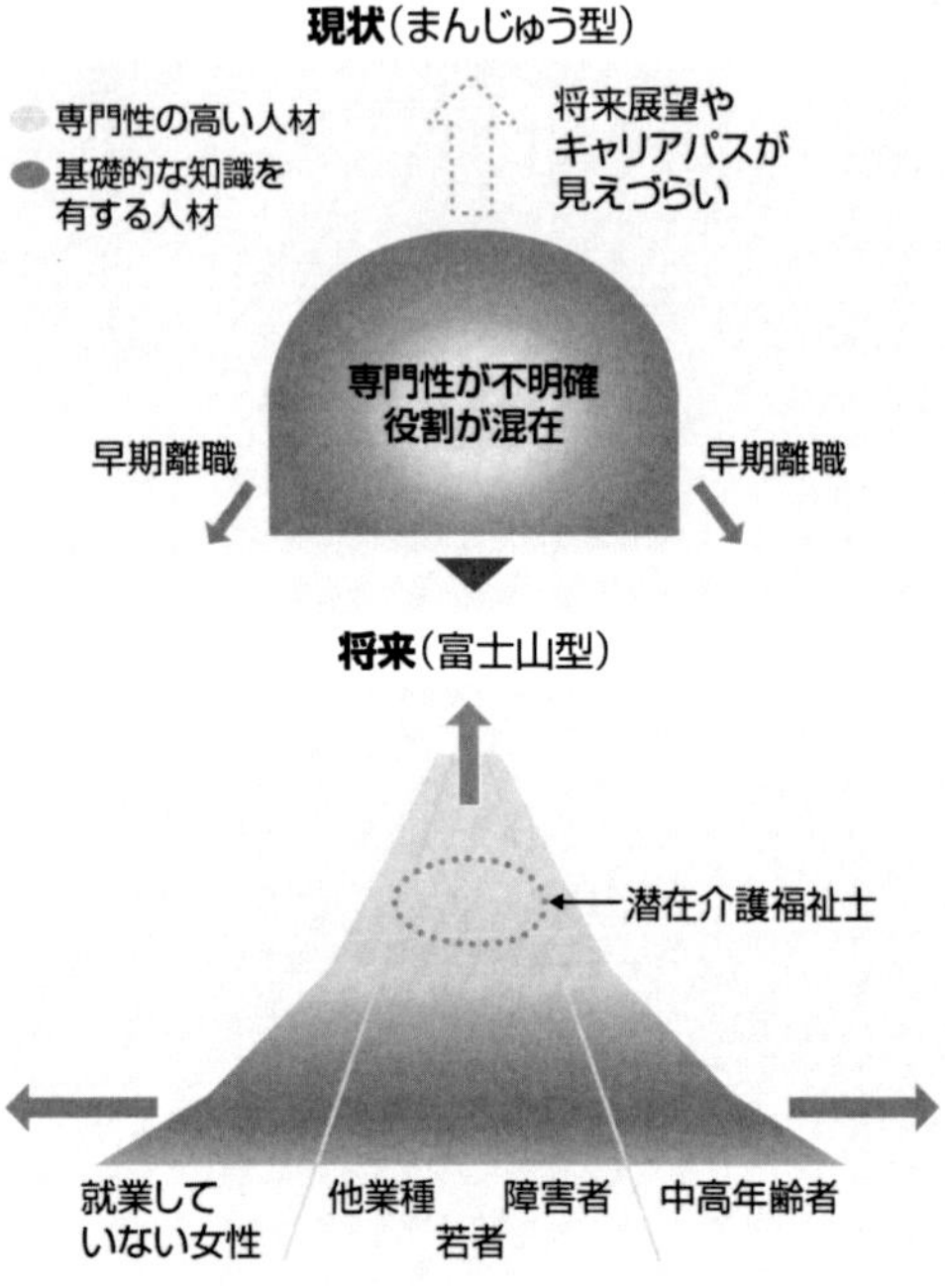

(出所)厚生労働省「福祉・介護人材確保対策について」(2019年)を基に本誌作成

19年度の介護職機能分化等推進事業は、12府県市がモデル事業の指定を受けている。東京都八王子市もその1つ。同市は19年9月18日、介護助手を求める市内の介護施設と就業希望者をマッチングする就職相談会を開催したところ、79人が参加した。

「参加者は当初シニア層を想定していたが、実際には40~50代の女性が中心だった。フルタイムではなく、空いた時間に短時間で働くことも可能なところに魅力を感じたようだ」(八王子市福祉部高齢者いきいき課・立川寛之氏)

当初、この介護助手の仕組みを全国に先駆けて導入したのは、三重県老人保健施設協会だった。やがてこれが全国の老健に普及。今回の厚労省の事業も、老健から始まったこの取り組みを、特別養護老人ホーム(特養)などほかの施設に横展開させていくことを目指したものだ。

神奈川県逗子市にある老健「グリーンハウス逗子」も、早い時期から介護の周辺業務の担当者を置いた。当初「介護助手」という言葉はなかったという。「08年から、人手不足を補うために地域のシニア層に食事の準備や配膳などの業務補助を依頼するようになり、やがて風呂の用意や見守りもしてもらうようになった」（角野禎子理事長）。神奈川県の介護助手導入促進事業の実施モデル施設に選ばれたことをきっかけに、16年から正式に介護助手を導入したという。

岩木和子総看護部長は、「これまでもシニアの方々にお手伝いをしてもらっていた分、介護助手を導入するからといって、現場で混乱は起きなかった。ただし導入を契機に、現場の職員自身には介護福祉士とほかの介護職員、介護助手の業務を洗い出し、その線引きをしてもらった」と語る。

この洗い出し作業を通じて、介護福祉士の間では、本来自分たちが担うべき専門性に対する意識が確実に高まったという。16年には5人の介護助手を採用し、17年以降も採用や雇用を継続。今も週2～4日、1日1時間半～6時間程度勤務してもらっている。

中核職員としても期待

国がシニア層や就業していない女性に望んでいるのは、介護助手として介護施設の周辺業務を担ってもらうことだけではない。中核職員として活躍してもらうことも期待している。

厚労省は18年度から都道府県および市区町村を実施主体とした「介護に関する入門的研修」をスタートさせた。これは介護分野での勤務経験がない人を対象に、21時間の研修時間の中で介護に関する基本的な知識を身に付けてもらうことで、介護の仕事に関わることへの不安を払拭し、就業のハードルを下げようというものだ。そして介護職員として従事しながら、実務やその後の研修を通じて、キャリアアップを目指してもらうというプランを描いている。

前出の八王子市は、入門的研修についても18年度から実施している。修了者に対しては、市内の事業者との間で就職相談会を開催。18年度は5名の就業が決まり、うち2名は70代だった。

首都圏や関西圏を中心に訪問介護や通所介護、有料老人ホームなどを展開するソラストの介護事業本部長の福嶋茂氏は、「健康で意欲があれば、シニアであろうと年齢に関係なく雇用しており、すでに中心メンバーとして活躍してもらっている」と話す。同社の介護職員のうち60歳以上のシニア層は約4分の1を占め、うち半数強は60歳を超えてから同社に就職した人たちだ。定年は60歳に設定しているが、希望すれば1年更新で何年でも働くことが可能だ。

ソラスト薬園台（千葉県船橋市）で働く伊藤佳世子さん（75）も、同社で活躍しているシニアの一人だ。デイサービス部門で毎週5日、フルタイムで勤務している。「人生経験が豊富な利用者の方々と毎日触れ合えるのが楽しい。家でじっとしているより元気になる」と話す。伊藤さん自身は同社での勤続が30年以上になる大ベテランだが、「介護の世界は、シニアになってから入ってもハンディになることはない。病気の話や昔話など、利用者様との世代が近いからこそ共有できる話があるのもシニアの強み」という。

シニア層や就業していない女性の関心を介護業界へと向けるための取り組みが、今少しずつ始まっている。

（ライター・長谷川　敦）

在宅介護には医師や介護サービスと連携を

長尾クリニック院長・長尾和宏

自宅や介護施設で最後まで暮らしたい――。こうした願いをどうすればかなえられるか。「在宅」医療に奮闘してきた第一人者に、その課題やヒントを聞いた。

最期を自宅で迎えるか施設で迎えるか。子が親の最期の場所を考える場合、まず大切にしてほしいのは親の思いだ。希望がかなわず、無念な最期を迎える親は多い。独居の高齢者のほうが、実は希望どおりに自宅で最期を迎えられるという皮肉な現実もある。

親の希望はわかるが、仕事があるから自宅で介護するのは難しいと思い込む子も多い。ただ最初から無理と諦めるのは早計だ。デイサービスやショートステイなどの介護保険サービスを使えば、在宅介護のハードルは下がる。

例えばデイサービスは夕方17時前後までが一般的だが、19~20時まで預かるところもある。平日はそうした施設を利用し、土日のみ親と一緒に自宅で過ごしてもいい。介護を何人かで当番制にすれば、その分1人の負担は減る。

デイサービスなどの介護サービスを利用する際のカギは、よいケアマネジャーを選ぶことだ。ケアマネには所属先の利益を優先する人もおり、注意が必要だ。要介護認定者はケアマネを自由に選べるため、もし不満があれば別のケアマネに変更するのも手だ。

在宅介護には介護サービスだけでなく、よい在宅医を選ぶことも大事だ。目当ての医者がいれば、往診が可能か聞くとよい。理想は看取りまでしてくれることだ。看取りをするのは在宅専門医に限らない。24時間対応することが建前の在宅療養支援診療所でも、看取りの実績があるのは2400カ所程度。その一覧が掲載されたガイド本もあり、在宅医選びの参考になる。

在宅医選びには口コミも重要だ。在宅介護の経験がある知り合いに聞くのもいいし、同じ悩みを持つ人が集うＮＰＯなどに参加し、生きた情報を得るのもいい。

美談で語られがちな在宅医療だが、金儲けが目当ての在宅医と、利用者に献身的な在宅医に二極化している。形式的に耳当たりがいいことだけ並べる在宅医には要注意。厳しくても現実的なことを言う医師のほうを信用したい。

「人生会議」で選ぶ

介護サービスや在宅医とどう連携して親を看取るか。親と子、医療、介護の関係者が集まって話し合う場が「人生会議」だ。人生会議は親の意思を尊重しようとするもので、その開催に熱心な医師やケアマネを選ぶことも大切だ。

自宅で老いるのは不安で、施設で最期を迎えたいという親も少なくない。ただ、すべての施設が親を看取ってくれるわけではない。死者が出ると部屋の資産価値が下がるなどといって、最期は病院送りという施設も多い。高い入居費を払ったのに、最期は病院で延命治療を受け管だらけにされ、「こんなはずではなかった」と子が悔やむケースも多い。夜間に肺炎を患ったり転倒した場合の対応を含めて事前に話し合っておくべきだ。

医療と介護で国民皆保険制度が整った日本だからこそ、親の希望をかなえる在宅療養も可能といえる。ただそのインフラには地域差も大きく、わが地域の情報収集が不可欠だ。親が暮らす地域で最適な医師やケアマネ、施設を探し出す手間を惜しまないでほしい。

（構成・大西富士男）

長尾和宏（ながお・かずひろ）
阪神大震災をきっかけに1995年に兵庫・尼崎市で長尾クリニックを開業。365日24時間の外来と在宅医療を展開。在宅医療のオピニオンリーダー。延命治療を施さない平穏死の推進などでも活躍。

在宅介護も施設介護も医師の見極めが重要

たかせクリニック理事長・高瀬義昌

年老いた親の介護や看取りは、子にとって避けられない大きな問題だ。とくに今後ますます増える認知症の親を在宅で介護する場合は悩ましい。そうした場合にどう対処すべきなのか。認知症の在宅介護のスペシャリストに聞いた。

住み慣れた自宅で最期を迎えられるよう、在宅で介護や医療などの支援を施す在宅療養にはチームワークが不可欠だ。医師などの医療関係者、ケアマネジャーなどの介護関係者、親、家族などの連携が大事になる。親が認知症を患う場合はとくに、チームに不協和音が出るとストレスを与えてしまう。

その在宅療養のカギを握るのは、いい在宅医を選ぶことだ。在宅医を探すには、地域包括支援センターやケアマネジャーに相談するといい。多くは最適な医師を探すための資料をそろえている。

在宅療養には家族間の良好な関係も不可欠だ。親と子、子のきょうだい間で考え方が異なると、在宅療養は難しくなる。家族の意思統一が重要なのだ。在宅医の立場としては、仮に意見が食い違ったときのために「意見を決めてほしい」と言うこともある。

最近はともに認知症を患う高齢の夫婦が2人で暮らしているケースが増えている。いわゆる「認認介護」の状態だ。また高齢の親と引きこもりの子が同居する「8050問題」のケースも目立つが、こうした家庭では子に親の介護の意思決定を委ねられないという問題が生じる。

また認知症を患う母と特定の子が互いに依存しすぎる、いわゆる「共依存」の状態となり、医師やほかのきょうだいもそこに介入できなくなる問題も散見される。

一方、最近増えているのは、高齢の親が地方で一人暮らし、子は仕事の関係で都会などの遠方に住んでいるようなケースである。

このような一人暮らしの高齢者が自宅で倒れることも少なくない。その場合は気づきにくい。

また、そうした高齢者が病院に運ばれた場合、料金支払いなどで信用を保証する社会的システムの構築も必要といえよう。家族が遠距離にいても、高齢者の在宅介護を支えるための制度設計が今、求められているのだ。

施設介護の問題点

一方、高齢者にとっては脳卒中や肺炎の発症、骨折などをいかに避けるかが重要だ。また、重度の認知症患者の場合、自宅で介護するには限界がある。私がよく診る認知症患者においては、急に幻覚や妄想状態を起こす「せん妄」が厄介だ。この症状にうまく対処できる医師は少ないのが現状だ。

認知機能が低下し、自宅での日常生活が継続できない状態となると、介護施設への入居が必要になる。

ただし介護施設といってもそのサービスの質はさまざまだ。常勤の看護師がいるから安心とうたっていても、実態は異なる施設が多くある。専門の精神科医でも、高齢の認知症患者に対する理解が不十分で、不適切な処方をしているケースもある。

在宅介護の際と同様、施設の場合でも、やはり重要なのはいい医師と巡り合えるかだ。ただ、実際にいい医師と巡り合えるケースはそう多くない。

入居すると月額30万円以上かかるような高額の有料老人ホームでも、十分に医療環境が整っていない施設が多いのが実態なのだ。

良質な医師や充実したケアを一般の利用者が見極めるのは難しいが、くれぐれも介護施設の安易な宣伝文句などにつられないことが肝要だ。

（構成・大西富士男）

高瀬義昌（たかせ・よしまさ）
麻酔医、小児科医を経て、東京都大田区に2004年、在宅中心の「たかせクリニック」を開業。とくに認知症のスペシャリストとして、在宅医療の実践・発展に尽力。「認認介護」という言葉の生みの親。

【週刊東洋経済】

本書は、東洋経済新報社『週刊東洋経済』2019年10月26日号より抜粋、加筆修正のうえ制作しています。この記事が完全収録された底本をはじめ、雑誌バックナンバーは小社ホームページからもお求めいただけます。

小社では、『週刊東洋経済eビジネス新書』シリーズをはじめ、このほかにも多数の電子書籍ラインナップをそろえております。ぜひストアにて「東洋経済」で検索してみてください。

『週刊東洋経済eビジネス新書』シリーズ

No.301　ファーウェイの真実（上巻）米国の「制裁」はこれからが本番だ
No.302　ファーウェイの真実（中巻）紅いピラミッドに組み込まれた日本
No.303　ファーウェイの真実（下巻）半導体と知的財産への飽くなき渇望
No.304　自動車　乱気流
No.305　不動産バブル　崩壊前夜

No.306　ドンキの正体
No.307　世界のエリートはなぜ哲学を学ぶのか
No.308　ＡＩ時代に食える仕事・食えない仕事
No.309　先端医療ベンチャー
No.310　最強私学　早稲田　vs.　慶応
No.311　脱炭素経営
No.312　５Ｇ革命
No.313　クスリの大罪
No.314　お金の教科書
No.315　銀行員の岐路
No.316　中国が仕掛ける大学バトル
No.317　沸騰！再開発最前線
No.318　ソニーに学べ
No.319　老後資金の設計書

週刊東洋経済eビジネス新書　No.331
介護大全

【本誌（底本）】
編集局　風間直樹、中原美絵子、井艸恵美、辻　麻梨子、大西富士男
デザイン　新藤真美
進行管理　三隅多香子
発行日　2019年10月26日

【電子版】
編集制作　塚田由紀夫、長谷川　隆
デザイン　市川和代
制作協力　丸井工文社
発行日　2020年3月30日　Ver.1

発行所　〒103-8345
東京都中央区日本橋本石町1-2-1
東洋経済新報社
電話　東洋経済コールセンター
03（6386）1040
https://toyokeizai.net/
発行人　駒橋憲一

電子書籍化に際しては、仕様上の都合などにより適宜編集を加えています。登場人物に関する情報、価格、為替レートなどは、特に記載のない限り底本編集当時のものです。一部の漢字を簡易慣用字体やかなで表記している場合があります。本書は縦書きでレイアウトしています。ご覧になる機種により表示に差が生じることがあります。

※本刊行物は、電子書籍版に基づいてプリントオンデマンド版として作成されたものです。